EDUCAR O CARÁTER

Conheça nossos clubes

Conheça nosso site

- @editoraquadrante
- @editoraquadrante
- @quadranteeditora
- Quadrante

ALFONSO AGUILÓ PASTRANA

EDUCAR O CARÁTER

3ª edição

Tradução
Artur Padovan

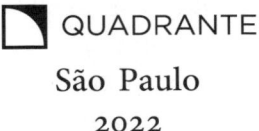

São Paulo
2022

Título original
Educar el carácter

Copyright © 2014 Ediciones Palabra, S.A., Madrid

Capa
Gabriela Haeitmann

Dados Internacionais de Catalogação na Publicação (CIP)

Pastrana, Alfonso Aguiló
 Educar o caráter / Alfonso Aguiló Pastrana; tradução de Artur Padovan. – 3ª ed. – São Paulo : Quadrante, 2022.

Título original: *Educar el carácter*
ISBN: 978-85-7465-420-1

1. Educação 2. Educação de crianças 3. Família 4. Pais e filhos I. Título

---
CDD-370

Índice para catálogo sistemático:
1. Educação 370

Todos os direitos reservados a
QUADRANTE EDITORA
Rua Bernardo da Veiga, 47 - Tel.: 3873-2270
CEP 01252-020 - São Paulo - SP
www.quadrante.com.br / atendimento@quadrante.com.br

Introdução

*Onde houver uma árvore que plantar, plante-a você.
Onde houver um erro que consertar, conserte-o você.
Onde houver uma tarefa de que todos se esquivem, faça-a você. Seja você a remover a pedra do caminho.*

Gabriela Mistral

Dos treze aos dezoitos anos, um menino ou uma menina passa por um desenvolvimento interior quase impossível de medir. É como uma primavera de vida que flui com riqueza extraordinária. Quem não lida com os jovens – ou o faz apenas a certa distância – não tem ideia de quantas dúvidas, quantas tempestades, quantas paixões acompanham a transformação do espírito adolescente.

Para os pais, ajudar os filhos na formação do caráter e da personalidade – para os quais essa fase é determinante – é um dever ineludível e, ao mesmo tempo, uma imensa satisfação.

– Mas você conhece o ditado *"não dá para tirar leite de pedras"*: o que a natureza não dá nem sempre se pode suprir com a educação, por melhor que seja.

Com efeito, não podemos exigir que nossos filhos sejam gênios, uma vez que talvez não tenham o substrato natural

necessário para isso. Mas há outros aspectos, como o caráter, que dependem menos da natureza e mais da educação que cada um recebe e das coisas que faz: *o nosso caráter – dizia Aristóteles – é resultado da nossa conduta.*
O caráter não é como um sobrenome de alta importância que se herda sem esforço. É resultado de uma batalha singular que cada um trava consigo mesmo e da qual depende em grande medida o sucesso na vida. Trata-se de uma luta que se inicia muito cedo e que já se encontra quase decidida ao final da fase que abordamos aqui.

Seja você pai, mãe ou simplesmente um jovem que deseja melhorar o próprio caráter, não deixe essa tarefa para depois. Esforce-se por melhorar ainda neste ano; não projete isso para dois ou cinco anos. Não deixe isso para quando houver "circunstâncias favoráveis" que nunca chegam, ou que quando chegam acabam por não ajudar muito. Pelo contrário, pense no presente e no futuro imediato. Depois, pode ser que seja tarde.

– Para mim, a educação do caráter parece muito difícil. É algo que se forja na intimidade do menino ou da menina, e além disso é uma questão pessoal. Nem deve ser fácil definir o que viria a ser uma pessoa de caráter.

Certamente é difícil, e talvez seja um dos primeiros aspectos que precisaremos abordar neste livro: considerar que aspectos contribuem para melhorar o caráter, para depois apontar algumas maneiras possíveis – dentre as infinitas maneiras possíveis – para obtermos sucesso.

– Mas é a criança que deve atingir esse sucesso...

O sucesso na formação do caráter dependerá grandemente do que as crianças julgam precisar melhorar, e essas ideias podem servir-nos para abordar o tema com elas.
É precisamente por isso que às vezes não é fácil saber, ao

longo destas páginas, se dirijo-me aos pais ou aos filhos. Quando parecer que estou falando com outras pessoas, pense se o que estou dizendo também pode ser útil para você, para aprender a pôr-se no lugar dessas pessoas e falar com elas. Procure buscar o momento oportuno. Logo você comprovará que todo o tempo gasto em falar – com o objetivo de fazer-se entender, obviamente – é tempo ganho.

– *Muito bem, mas muitos gostariam de mudar, superar um defeito particular, e não conseguem por falta de força de vontade. Por exemplo, a maioria dos alunos que reprovam gostariam de tirar boas notas, e não lhes faltam boas razões para se convencerem dessa necessidade. Nem tudo é questão de argumentação.*

Certamente, além da razão há também a vontade e os sentimentos, mas tanto um quanto os outros podem ser educados.

– *Mas a educação não é tudo. Há aquilo que a pessoa traz de nascença, e também a liberdade.*

O que o indivíduo possui de nascença pertence ao passado e não pode ser mudado. A educação, porém, busca precisamente ensinar o bom uso da liberdade em tudo aquilo que podemos mudar.

A educação, mesmo não sendo tudo, é muito importante na hora de forjar o jeito de ser de cada um e, especialmente, o caráter e a personalidade. O que os pais são, o que fazem e o que dizem sedimenta-se dia após dia no caráter dos filhos.

A criança traz dentro de si, desde o nascimento, o gérmen do seu porvir. Por outro lado, também desde o primeiro momento, os filhos são testemunhas inexoráveis da vida de seus pais. A personalidade é, em grande medida, determinada pelo ambiente mais próximo. E mesmo as influências positivas da família sobre a criança podem transformar-se em negativas se os pais não conseguirem mantê-las. Por isso, a influência do exemplo é uma constante que permanece como plano de fundo em toda esta Coleção dedicada à família.

Primeira Parte

FELICIDADE E CARÁTER

De nada serve ao homem lamentar-se dos tempos em que vive. O único bem que pode fazer é tentar melhorá-los.

Thomas Carlyle

CAPÍTULO I
O que significa ter bom caráter?

Quem, em nome da liberdade, renuncia a ser o que tem de ser já se matou em vida. A sua existência consistirá numa perpétua fuga da única realidade que podia ser.

José Ortega y Gasset

Pessoa de caráter

O que pensamos quando dizemos que alguém é uma "pessoa de caráter"? Talvez pensemos em alguém que direcione firmemente a sua vontade para objetivos bons. Ou talvez nos refiramos a um indivíduo leal a princípios nobres, que não cede às conveniências oportunistas de cada momento. Ou ainda a um sujeito perseverante, que obedece fielmente à voz da sua consciência bem formada. Ou, enfim, a uma pessoa cujos critérios independem "daquilo que os outros vão dizer".

Já foram dadas diversas definições a respeito do caráter: um modo sempre consequente de agir, motivado por princípios firmes; uma constância da vontade a serviço do ideal reconhecido como verdadeiro; uma perseverança interior em formar um conceito nobre de vida; e muitas outras.

– *Concordo; já possuímos definições suficientes. Mas o que um pai ou uma mãe pode fazer para que os seus filhos sejam pessoas de caráter?*

Primeiramente – e mais importante do que parece – você precisa refletir sobre os princípios e ideais que você deseja que os seus filhos tenham. Talvez você tire algumas ideias deste livro.

Em seguida, será preciso fazer com que eles entendam gradualmente a importância disso nas suas vidas e, principalmente, que compreendam que a formação do caráter é uma tarefa que ninguém pode fazer por eles. E, como *não se pode impor ideias*, convém conversar sobre isso de vez em quando com seus filhos, que possivelmente se mostrarão mais racionais do que você imagina.

Sugiro ainda outra coisa: quando for falar disso com eles, procure sempre falar *normalmente*. As crianças gostam quando as pessoas se dirigem a elas de modo natural, com voz suave e *normal*. Digo isso porque – não se sabe bem o motivo – muitos adultos adoram falar desses temas com ares paternalistas, quando não em tom autoritário. Entretanto, como as crianças não costumam ser bobas nem surdas, agradecem muito uma conversa normal, como as dos adultos.

Depois disso, você terá de determinar de que modo procurará acostumá-los a agir segundo esses princípios.

> Porque o mais difícil não é formular princípios retos (isso é relativamente fácil),
> mas sim persistir neles apesar das circunstâncias variáveis da vida.

– É isso que eu digo! Porque bons planos todo os pais têm, principalmente aqueles que leem livros como este. O difícil é botá-los em prática e depois conseguir que os filhos também os ponham em prática.

Não é tão difícil assim. Comece pelas pequenas coisas. "Semeia um pensamento" – diz-nos Toth – "e colherás um desejo; semeia um desejo, e colherás uma ação; semeia uma ação, e colherás um hábito; semeia um hábito, e colherás o caráter".

> Com pequenos pensamentos e ações tece-se a sorte da vida.

Poderíamos dizer que o sucesso está em descobrir essa sucessão natural educativa:

- Motivação nos valores
- Atos favoráveis
- Arraigar virtudes
- Consolidar o caráter

Uma educação inteligente

Muitos pais centram a educação exclusivamente em conhecimentos: nos idiomas, nas habilidades musicais e desportivas ou coisas semelhantes. Abarrotam os seus filhos de graus e diplomas, e esquecem-se de fazer deles pessoas de critério, com caráter e personalidade.

Com esse esquema educativo, acabam produzindo criaturas de grande força física, mas débeis por dentro; cabeças cheias de conhecimentos, porém sem temperança; homens e mulheres sem princípios sólidos. E, afinal, conseguem o contrário do que queriam, pois deixam os filhos indefesos perante o futuro.

– *Não há dúvida de que uma cabeça "no lugar" e uma vontade forte são uma herança melhor do que um amontoado de títulos e conhecimentos. Mas melhor do que isso é ter os dois.*

Claro, mas não seria certo sacrificar tudo nos altares dos títulos e conhecimentos.

> É preciso fazer com que pais e filhos pensem sobre como são, como gostariam de ser e como deveriam ser.

Para que isso seja possível, as conversas sossegadas com cada filho – procurando formar, ao mesmo tempo, a sua cabeça e o seu coração, a sua inteligência e a sua vontade – são fundamentais.

> Ensiná-los a pensar bem, torná-los capazes de fazer livremente o que devem.

– *Acho que nós, pais, costumamos dar mais importância à educação da inteligência do que à da vontade, e creio que é nisso que erramos.*

Penso que não haveria problema se se educasse realmente a inteligência, porque quando as coisas são entendidas com clareza e no tempo certo, a vontade as persegue sem grandes dificuldades. Acontece, porém, que às vezes a maior preocupação é insuflar conhecimentos, e não educar a inteligência de verdade.

Por vezes, até parece que a inteligência é o dom mais bem distribuído do mundo visto o escasso número de pessoas que reclamam da sua fração na partilha. Contudo, uma criança realmente inteligente logo percebe que, sem desenvolver a vontade, nunca fará nada na vida, e que, se não se esforçar, acabará mais um entre tantos talentos fracassados por usarem pouco a cabeça.

Diz-se, e com razão, que não há criatura mais desgraçada do que uma grande cabeça que não possui vontade, pois a grande inteligência, supondo que de fato exista, perde-se irremediavelmente.

Aprender a ser feliz

Os homens não nascem felizes ou infelizes, mas aprendem a ser um ou outro. Ninguém topa com a felicidade ao virar uma esquina qualquer. Não é como uma loteria, que alguém ganha de repente. Não existe felicidade barata. Cada um precisa forjá-la para si, *aprendendo a ser feliz.*

– *Mas muita gente acredita que é a sociedade que nos torna felizes ou infelizes.*

Sem dúvida, o ambiente em que vivemos influi na nossa felicidade, mas a felicidade não pode ser considerada exterior ao homem, reservada a alguns e não a outros pela loteria da vida. Ver a questão dessa forma seria cair em um conformismo vitimista ou em um fatalismo irresponsável.

Essas explicações fechadas são, além de um erro antropológico, a melhor maneira de perder a esperança na luta diária por melhorar a nós mesmos e o mundo à nossa volta. Há muito que podemos fazer para tomar as rédeas da nossa vida e sermos felizes.

– *Mas é possível ser totalmente feliz?*

Total e absolutamente feliz, não. Sempre haverá coisas que nos deixam infelizes, e às vezes são difíceis de explicar. Toda vida humana tem momentos de dor, e o normal é que sejam frequentes e que cubram a vida de cicatrizes que vão "apurando" o indivíduo. Qualquer biografia – aponta-nos Enrique Rojas – é repleta de cordilheiras de obstáculos e frustrações. Perscrutar a vida alheia é descobrir as suas escaramuças, os sinais de luta do indivíduo contra si mesmo e o seu entorno, mas também descobrir a grandeza do esforço por avançar, por "viver". A vida é uma disputa permanente com a adversidade.

– *Mas se a vida é tão dolorosa e difícil, como ser feliz?*

Não devemos confundir a felicidade com algo tão utópico quanto querer passar a vida inteira num estado de euforia permanente ou de contínuos sentimentos agradáveis. Seria ingenuidade da nossa parte. Quem pensasse assim estaria quase sempre triste; se sentiria um desgraçado e provavelmente provocaria o mesmo sentimento na sua família.

Digo que a família sentiria o mesmo porque as pessoas à nossa volta são capazes de perceber tudo isso claramente. Muitos pais, por exemplo, vivem com a ideia fantasiosa de que os filhos não captam nada do que acontece em casa, que são felizes e passam o dia a rir e brincar, entretidos nas suas coisas e alheios às alegrias e às tristezas do lar.

Entretanto, por trás do candor de um sorriso ou de um olhar preocupado, enxergam tudo. E refletem. E muitos sentem uma solidão terrível. E às vezes não têm com quem falar com confiança, a quem contar que sofrem ao ver o ambiente triste do seu lar.

– *Mas a tristeza e a alegria são coisas que dependem muito da predisposição com que cada um nasceu...*

É verdade: cada indivíduo nasce com uma certa predisposição à alegria, com um humor diferente. Apesar disso, para chegar à alegria, é preciso lutar para alcançá-la e incorporá-la ao nosso caráter.

– *Isso é fácil para quem não tem preocupações...*

Mas é necessário fazer isso para afastá-las. E você terá de superar essas quedas no seu estado de ânimo; talvez deixar de lado algo menos importante e reservar tempo para sentar-se um pouquinho com o resto da família e conversar, ainda que não esteja muito afim. Será a hora de falar sobre os detalhes que tanto podem melhorar o ambiente de casa, essas cordialidades recíprocas que enchem o lar de alegria.

Reflita sobre o humor com que você enfrenta as coisas negativas. Assim – ao perceber o que faz você ou os outros infeliz – poderá mudá-lo para melhor.

Se você parar para pensar, provavelmente notará que está à espera de circunstâncias que nunca vão chegar. Pensa que será feliz quando não tiver certas preocupações, quando recuperar a saúde, quando concluir aquela tarefa que o absorve, ou em qualquer outro momento. Só que tudo isso sempre acaba visto como algo distante. E, no fundo, você sabe que depois desses problemas chegarão outros, e corre o perigo de ficar a vida toda à espera dessa utopia.

É preciso aprender a ser feliz em meio às lutas usuais de cada dia.

Humor positivo

Há pouco tempo li que é diante do sofrimento e das contrariedades da vida que a maior parte das pessoas mostra a verdadeira face. Em situações normais é mais fácil manter as aparências; mas antes de uma cirurgia ou diante de uma desgraça ou contrariedade de peso, é normal que a pessoa abandone toda a inibição e se revele tal como é.

Portanto, é possível distinguir bem as pessoas positivas das negativas. Vemos, por exemplo, doentes que sorriem, dizendo que tudo vai bem; que suas dores, embora fortes, são ainda suportáveis; que há pessoas em pior situação que eles e que não podem se queixar; que não perderam a alegria nem a vontade de viver; que se sentem muito agradecidos pelos cuidados que recebem. São pessoas positivas.

E há outro tipo de pessoa, os negativos, que é difícil visitar quando estão doentes. Eles – ou aqueles que o rodeiam, ou ambos – não param nem por um momento de falar da doença, das suas terríveis dores, dos seus sofrimentos intermináveis e das falhas imperdoáveis dos médicos e das enfermeiras no seu caso, etc. Passam horas falando dos seus padecimentos e daquilo por que haverão de passar, fazendo mil profecias das suas supostas desgraças.

– *Mas se essas pessoas são tão negativas, é porque a vida as fez passar por maus bocados. É provável que nem seja culpa delas.*

Creio que não seja essa a questão. Muitas vezes, é até mais dolorosa e difícil a situação de quem se queixa menos. O normal é que uma pessoa que sofreu alguma grande desgraça pareça triste e sem chão, mas há quem permaneça inteiro e sereno. Por outro lado, às vezes encontramos pessoas completamente acabadas por causa de uma bobagem apesar de terem tudo na vida. Por quê? Acredito que por conta dessas duas maneiras de ver a vida.

Pense na sua vida. É provável que você esteja triste e que a sua situação não seja objetivamente tão ruim. Ou, mesmo que fosse, avalie se você merece estar fadado a ser arrastado pelo desespero.

> Lembre-se de que há pessoas que enfrentam coisas muito piores e ainda assim conseguem superá-las.

Talvez você até as conheça. Examine o seu jeito de ser e de pensar. Tente aprender com eles.

Motivos para sorrir

"Como é que você está sempre sorrindo? O que faz na vida para estar sempre contente?", perguntaram não faz muito tempo a uma mulher famosa e muito sensata.

Ela explicou que também tinha, como todo mundo, momentos de tristeza, de cansaço, de inquietude, de mal-estar.

Mas conheço o remédio, mesmo que nem sempre saiba utilizá-lo: sair de mim mesma, importar-me com os outros, compreender que aqueles que vivem conosco têm o direito de ver-nos alegres.

Penso que, ao sorrir e mostrar-me alegre, comunico felicidade aos outros, mesmo quando estou muito triste. E, ao comunicá-la, a felicidade passa a crescer também dentro de mim por tabela.

Acredito que quem renuncia à busca da felicidade pessoal e começa a dedicar-se à dos outros, acaba encontrando-a para si quase sem se dar conta.

– *E isso não é um desejo tolo de enganar a si mesmo?*

É preciso estar muito alegre para poder sorrir. O contrário pareceria não natural.

O bom humor é uma vitória sobre o medo e fraqueza. O mal-humorado tende a esconder a insegurança e a angústia por trás de uma aparência bruta e distante, e com o tempo isso acaba tornando-se habitual e convertendo-se num traço do seu caráter. Quando isso acontece, torna-se mais difícil que o bom humor brote de modo natural. Isso é assim porque a própria pessoa adulterou algo que deve ser conatural ao ser humano. Ficará presa num círculo vicioso do qual só sairá à base de um esforço que não tem nada de antinatural. Muito pelo contrário: a própria natureza o exige.

– *Mas você está falando de medos e fraquezas, e todos nós temos medos e fraquezas...*

Precisamente por isso a diferença entre uns e outros está no modo de enfrentá-los. E o mais sensato é fazê-lo com um pouco de bom humor, rindo um pouco de si mesmo se necessário.

Tudo o que se faz sorrindo nos ajuda a ser mais humanos, a moderarmos as nossas tendências agressivas e a sermos mais capazes de compreender os outros e até a nós mesmos.

> É uma grande sorte termos ao nosso redor pessoas que sabem sorrir.

E o sorriso é algo que cada um tem de cultivar pacientemente em sua vida.

– *Cultivar? Mas como?*

Com equilíbrio interior, aceitando a realidade da vida, amando ao próximo, saindo de si mesmo, esforçando-se por sorrir ainda quando não se tem vontade. Já dissemos tudo isso antes. É algo que se deve praticar com constância.

– *Mas não dá para levar tudo na brincadeira. Há muitas coisas que não têm graça nenhuma...*

Mas, mesmo que não tenham graça nenhuma, sempre é possível tirar delas algum ensinamento, algum bem, embora às vezes seja difícil enxergá-lo e tardemos a vê-lo. Não quis dizer que devemos levar tudo na brincadeira, embora às vezes seja útil desenvolver a capacidade de aplicar o bom humor para diminuir a carga trágica das contrariedades da vida.

Por que você não é mais feliz?

É curioso notar como muitas pessoas pensam que a felicidade é algo reservado para os outros e muito difícil de atingir na própria vida.

Corremos o perigo – tanto nós como os nossos filhos – de pensar que a felicidade é um sonho que nada tem a ver com a vida concreta e ordinária do dia a dia. Talvez a relacionemos com grandes acontecimentos, como ganhar muito dinheiro, ter um triunfo profissional ou afetivo deslumbrante, protagonizar façanhas extraordinárias... e isso ainda não costuma ser suficiente para a atingirmos.

A prova é que as pessoas mais ricas, ou mais poderosas,

ou mais atraentes, ou mais bem dotadas, nem sempre são as mais felizes.

– *Isso aí não é um clichê antiquado? Como se para ser feliz fosse necessário ser pobre, miserável e coitado...*

Alguns pobres, miseráveis e coitados são felizes; outros não. Entre os ricos e poderosos, também há os felizes e os infelizes: basta lermos as revistas de fofoca para comprovar.

Isso demonstra exatamente que a felicidade e a infelicidade provêm de outras coisas, de coisas que se encontram no interior do indivíduo. Vale a pena refletir sobre isso e trazer essa reflexão às crianças no momento em que estão traçando os seus planos de futuro.

Tchekhov dizia que a tranquilidade e a satisfação do homem estão dentro dele mesmo, não fora; e que o homem vulgar espera o bem e o mal do exterior, enquanto *o homem pensante* os espera de si mesmo.

Com frequência somos tomados por um sentimento de desânimo, peso, desgaste interior. E não encontramos uma explicação externa clara à primeira vista: não nos ocorreu nada de grave, não sentimos fome, sede, sono, nem nos faltam a saúde e o conforto necessários.

São dores íntimas. Se as observarmos com cuidado, descobriremos que são causadas por nós mesmos. Também muitas das queixas que fazemos da vida, se nos examinarmos com sinceridade e coragem, perceberemos que provêm do nosso estado interior, de coisas muito secundárias, do egoísmo.

Muitas vezes, sentimo-nos péssimos por causa de contratempos minúsculos. Quantas vezes, por exemplo, não vemos indivíduos caídos e desanimados, com uma tristeza que dura horas ou dias, simplesmente porque o time do coração perdeu um jogo de futebol "de bobeira"? Ou então por causa de pequenos contratempos no trabalho ou na escola. Ou ainda por discussões familiares que também começaram com uma bobeira. São todos motivos "bobos" que, isoladamente, não bastam para produzir tanto desgosto.

Vale a pena refletir nas causas da tristeza, pensar se a infelicidade provém do hábito de ver as pequenas derrotas pessoais de maneira excessivamente dramática. Além do mais, essas derrotas – com o passar do tempo e a consideração do conjunto total da vida – podem se revelar vitórias.

CAPÍTULO II
Dificuldades da adolescência

São muito poucos os grandes homens que vêm de ambientes fáceis.

Herman Keyserling

Vencer a timidez. O caso de Marcos

De vez em quando – dizia Marcos, com um ar meio fúnebre – me sinto diferente, isolado dos outros. Sinto uma necessidade de abandonar o grupo em que estou por me sentir incomodado. Tento ser sociável, mas não aguento, não sei por quê. Acho que não sei aproveitar a vida.

Não sei como, mas acabo sempre perdendo as minhas amizades, e isso me faz sofrer. Não paro de pensar que preciso vencer a timidez e não adianta: sempre que me arrisco, digo alguma bobagem e estrago tudo. Depois, vem uma vergonha terrível, e fico paralisado.

Sempre acho que não vou saber como agir. Sei que me preocupo demais com o que os outros pensam de mim, e acho até que perco a naturalidade de tanto pensar nisso. Tenho a sensação de que o mundo inteiro está me olhando e que as pessoas caçoam de mim interiormente. Sei que as coisas não são assim, mas não consigo tirar isso da cabeça. Tento passar despercebido, mas sou tão tímido que acabo atraindo as atenções exatamente por isso.

Tenho inveja de quem é mais solto, de quem causa boa impressão em todo mundo, de quem diz qualquer bobeira e provoca risos. Eu não acho graça nas coisas que penso.

Sinto uma tristeza infinita. O que faz com que eu seja assim? Por onde devo começar a mudar? Não quero ser assim.

Lembro-me desta conversa que tive há alguns anos com Marcos, um bom aluno de dezesseis anos, alto e bem-apessoado.

Fiquei surpreso ao ver que, como acontece com quase todos os tímidos, ele demonstrava ser uma pessoa reflexiva e muito capaz de definir a sua situação ao falar com alguém em quem confiava. Naquele momento, curiosamente, expressava-se com muita desenvoltura e sinceridade.

Outra surpresa foi constatar que muitas pessoas se consideram tímidas, apesar de não parecerem.

– E não será que essas pessoas não são assim um pouco por causa da família?

A timidez pode ter várias raízes: um excesso de proteção na infância, algum defeito ou limitação – normalmente sem muita importância objetiva, mas não assumido completamente –, uma educação que não conseguiu se contrapor suficientemente ao amor próprio... E às vezes, claro, é consequência direta da timidez dos próprios pais.

– *Mas a essa altura da vida os pais não vão conseguir mudar muito. Acho que quem ainda é tímido aos quarenta ou cinquenta já tem o que fazer.*

Sempre há conserto. Além disso, sempre é possível, ao menos, dar o exemplo de esforçar-se por melhorar, o que é quase mais importante do que ser um modelo perfeito.

– *E os tímidos não seriam apenas pessoas meio "estabanadas" na hora de agir ou falar?*

A timidez e a falta de jeito alimentam uma a outra. A falta de jeito muitas vezes tem origem num problema de coordenação motora. Há jovens que trombam com tudo, que deixam tudo cair e quebrar. Outros já não têm facilidade para expressar-se ou entrar numa conversa; por isso não têm coragem de manifestar-se publicamente e tornam-se tímidos. Essa timidez os leva a preocupar-se demais com a própria imagem, a ser menos naturais e, logo, ainda mais estabanados.

– *E como quebrar esse círculo vicioso?*

Podemos, por exemplo, ajudar o tímido a descobrir os seus pontos fortes e fazer com que os seus colegas os valorizem. O bom professor, por exemplo, faz uma pergunta ao aluno tímido durante a aula quando acredita que ele tenha condições de respondê-la corretamente; isso faz com que o aluno se torne mais seguro e, pouco a pouco, mais confortável em público. E o pai sensato sabe aumentar a confiança do filho e, assim, ajudá-lo a melhorar a sua autoestima e consolidar a sua vontade indecisa.

Vencer a timidez não é coisa de um dia. Trata-se de uma batalha difícil, em que não se pode perder a esperança nem o "espírito esportivo": após cada derrota é preciso saber perdoar-se, levantar e tornar a avançar.

> É preciso renunciar de verdade à tentação de encerrar-se nas lembranças ou pensamentos felizes.

Porque os tímidos quase sempre misturam os seus medos com a pobre satisfação de recolher-se no calor da própria solidão.

Para começo de conversa, se você é tímido, não tenha tanta inveja de fulano ou beltrana que são mais extrovertidos, mais engraçados, mais espirituosos, talvez sempre os protagonistas de qualquer situação... Muita gente assim é até bem agradável, mas apenas por algum tempo, e não há quem conviva com eles por mais de três dias seguidos. Outros poderão até ser pessoas excelentes a todo o momento, mas... para que a inveja? Melhor livrar-se dela.

Em segundo lugar, você deve lutar sem descanso contra a timidez. Não deixe a indecisão prolongar-se demais porque o tempo realmente passa. Quem se fecha em si mesmo não vive e tem cada vez mais dificuldade em se soltar. Não fuja da guerra que é viver. Saia, mesmo, dos doces sonhos.

Às vezes, a solidão é causada pelo orgulho – a mais terrível das solidões, que desumaniza as suas vítimas e as faz perder a objetividade. (O poeta Antonio Machado dizia que a solidão é capaz de nos fazer ver com muita clareza coisas que não são verdade.)

Alguns escondem-se na solidão para tentar esquecer, mas na maior parte das vezes só conseguem intensificar as suas lembranças, dar voltas e mais voltas nos seus devaneios e ruminar obsessivamente os fracassos e as feridas da vida.

– *Mas, então, que conselhos práticos você nos dá?*

- Pare de pensar se você sabe falar ou não. Simplesmente fale.

- Também não perca tempo pensando se você seria um bom amigo. Esforce-se para ser;

- No geral, nunca se detenha demais em considerações do tipo "será que saberei como agir ou o que fazer?" Trate de fazer as coisas da melhor maneira possível, sem medo do ridículo ou do fracasso;

- Não se feche nas quimeras absurdas da sua imaginação; afaste-as como se fossem moscas. Cumpra as suas obrigações e procure outras se necessário. Ocupe o tempo. Não crie para si um mundo irreal ao seu gosto. Não se refugie na solidão, ainda que lhe pareça encontrar satisfação nela. Não use os seus devaneios como desculpa para não lutar na realidade, pois um homem sonhador raramente é um homem lutador;

- Aja com bom senso, sem cair no extremo de querer "compensar" a timidez com verborragia, excesso de atrevimento, aparência espalhafatosa, etc.;

- Não volte atrás nos seus propósitos de superar a timidez. Não seja como o nadador covarde: ele põe o pé na água várias vezes, comprova que não está fria, que não haveria problema algum em mergulhar, que tudo é uma questão de lançar-se na água..., mas não se atreve e volta para casa cabisbaixo, envergonhado de si próprio;

- Por fim, se você falhar, não se aflija: volte a tentar. Ou melhor, como afirmava o protagonista de um filme: "Faça ou não faça, mas por favor não *tente*". Não chame o vago desejo de que algo aconteça de "tentar". Tente de verdade. Ou seja, faça, porque você consegue.

Superar o egoísmo. Alguns exemplos

Viver de maneira egoísta é como viver num calabouço. Ouvimos apenas a nossa própria voz, falamos apenas de nós mesmos, escutamos somente as nossas lamúrias e só enxergamos a glória das nossas vitórias pessoais. Qualquer outro interesse que possamos ter será mediado pelo interesse próprio.

– Não exagere. É normal as pessoas cuidarem um pouco dos seus interesses...

Só que podemos cuidar dos nossos interesses sem sermos egoístas. O egoísta vive exclusivamente em busca da satisfação pessoal. Como cada passo lhe deixa com a suspeita de ter perdido o rumo – pois ele sempre teme que algo possa prejudicar os seus interesses –, ele nunca tem tempo para os outros.

São os ideais confusos e obscuros que tornam as pessoas infelizes. Por isso é tão importante que os pais consigam fazer os filhos descobrirem a satisfação contida na generosidade e refletirem sobre o amargor da tristeza das ações inconsideradas, vorazes e egoístas.

– E em que idade os jovens costumam ter maior tendência ao egoísmo?

Quanto menor a criança, mais submetida está ao poder dos sentidos, e portanto mais propensa a ceder ao egoísmo se carecer de uma educação adequada. Uma criaturinha de poucos anos de vida parece querer tudo para si: acumula brinquedos e mais brinquedos sem reparar que as crianças ao redor talvez não tenham quase nada. Toda criança passa por uma fase de notável egocentrismo, em que gosta de considerar-se o centro de tudo, de ver as pessoas falarem dela, de chamar a atenção... São como Currita Albornoz, personagem do romance de *Pequenezes* (1891), do espanhol Luis Coloma: se assistem a um casamento, querem ser a noiva; se se trata de um batizado, o recém-nascido; se vão a um enterro, gostariam de ser o defunto.

Por isso, desde muito cedo, é preciso polir os seus sentimentos de generosidade para que ofusquem os do egoísmo.

> Do contrário, poderemos deparar com um ressurgimento do egoísmo nos anos da adolescência.

É exatamente na adolescência que os jovens costumam sentir mais orgulho por seus talentos, pelo seu desenvolvimento físico ou pela inteligência. Isso pode resultar nas seguintes coisas:

- Amizades feitas por interesse, com colegas que possam explicar as matérias mais complicadas ou que deixem copiar os trabalhos escolares;
- Indiferença com relação a um motivo de grande tristeza para os outros;
- Orgulho de falar com os colegas menos abastados sobre as suas viagens incríveis, o seu celular maravilhoso e os outros luxos de que desfruta e que os outros não têm;
- Um senso prático surpreendente, usado para passar por cima de todos para conseguir o que se quer.

– *E o que você acha que é a razão de tudo isto?*

Talvez isso venha da infância, por conta das pequenas concessões, aparentemente insignificantes, de quem convivia com a criança. É provável que sempre a deixassem escolher o melhor lugar, a melhor fruta, a tarefa mais fácil... Depois, não houve quem lhe mostrasse a falta de nobreza desse tipo de comportamento.

A criança habituou-se, então, a não ceder o lugar, a não notar as necessidades dos outros, a não segurar a porta para quem vem atrás. Talvez até fosse como aquelas pessoas que ao fazer uma trilha na mata soltam os galhos das árvores contra o rosto dos outros: o importante era que ela passasse.

Por outro lado, uma criança que compartilha os brinquedos e as brincadeiras – observa o psicólogo Bernabé Tierno –, ou que ousa defender um colega maltratado, será um adulto que terá lugar para os outros no seu projeto de vida.

Se o seu próximo sofre, console-o com as palavras que brotarem do seu coração. Se estiver alegre, alegre-se com ele, porque é próprio dos egoístas entristecerem-se de inveja com a alegria alheia. Compartilhe, ajude, abaixe para pegar o pacote que caiu das mãos daquele transeunte. Trate as pessoas com educação, principalmente aquelas que lhe servem.

Cada um deve examinar a própria vida à procura de egoísmos de fundo. Falo dos pais possessivos com os seus filhos, dos filhos que dominam os pais; dos esposos que formam um casal de vidas solitárias, e dessas pessoas que aprisionam os outros.

> Eliminar diariamente um pouco de egoísmo é eliminar uma fonte de tristeza.

O câncer da inveja e o seu tratamento

Cervantes chamou a inveja de "câncer de todas as virtudes e raiz de infinitos males". Ele se espantava com o fato de que "todos os vícios têm um quê de deleite consigo, mas o vício da inveja só traz desgostos, rancores e raiva".

A inveja não é a admiração que temos por algumas pessoas, nem a cobiça dos bens alheios, nem o desejo de possuir os dons ou qualidades do outro. É diferente.

A inveja é entristecer-se pelo bem alheio. É, talvez, um dos vícios mais estéreis e mais difíceis de compreender e, ao mesmo tempo, um dos mais generalizados, embora ninguém acredite possuí-lo (as pessoas admitem possuir qualquer outro vício, menos o de ser invejoso).

> A inveja destrói o invejoso aos poucos, como um câncer. Não o deixa aproveitar quase nada, pois sugere a ideia de que alguém talvez aproveite mais.

O pobre invejoso sofre ao afogar-se na miséria mais inútil e amarga: aquela provocada pela felicidade do outro.

O invejoso procura aplacar a sua dor diminuindo interiormente os êxitos alheios. Sente-se roubado quando vê um companheiro ser elogiado. Pensa que ele é quem deveria receber honras e tenta compensar o orgulho ferido depreciando e desacreditando os méritos dos outros ou reafirmando as próprias – e muitas vezes imaginárias – qualidades.

Oscar Wilde dizia que "qualquer um é capaz de compadecer-se dos sofrimentos de um amigo, mas é necessária uma alma verdadeiramente nobre para alegrar-se com o sucesso de um amigo". A inveja nasce de um coração corrompido. Para consertá-lo, é preciso realizar uma cirurgia profunda e no tempo certo. É muito importante começar depressa, enquanto ainda começam a manifestar-se essas invejas bobas de irmãos e colegas.

– *As crianças pequenas têm, às vezes, uns ataques de egoísmo e inveja terríveis, mas acho que isso passa com os anos.*

O mais provável é que as crianças comecem a sentir uma certa inibição ao ficarem mais velhas e passem a dissimular a inveja e o egoísmo. Mas o problema continua latente.

É preciso ensiná-las – primeiramente pelo exemplo dos pais – a não perder a alegria quando constarem que os outros são melhores em alguma coisa ou em tudo; a não se entristecer quando algum colega sair-se melhor numa prova ou competição esportiva; a superar com elegância a reação invejosa porque o amigo ganhou algo que ele não tem.

– *Por que você fala do exemplo dos pais? A inveja é algo que vem muito do interior de cada pessoa. Acho que as crianças nem se dão conta dela.*

Na verdade, elas percebem a inveja bem rápido, principalmente quando já são um pouco maiores. Notam, por exemplo, se os pais alegram-se com o sucesso profissional, a boa sorte ou as qualidades de um parente, um vizinho ou um amigo da família.

Notam a cara de tristeza ou de contrariedade mal disfarçada de quem não sabe partilhar das alegrias dos outros por pensar apenas em si, na sua própria sorte.

Percebem bem o desalento provocado pela inveja diante das qualidades e triunfos dos outros.

– *Mas é normal que os jovens sintam admiração por outras pessoas e queiram ser como elas...*

Admirar outras pessoas e querer ser como elas, ou até melhores, não é algo ruim de forma alguma. Pelo contrário, é muito positivo quando proposto com boas intenções. São desejos saudáveis de emulação que devem ser fomentados.

De fato, uma das melhores defesas contra a inveja é despertar a *capacidade de admirar as pessoas que conhecemos*. Há muito que admirar naqueles que nos rodeiam, e o importante é sentir-nos motivados a aprender com eles. O que não faz sentido é entristecermo-nos porque são melhores; isso nos aprisionaria numa infelicidade permanente já que evidentemente não podemos ser os melhores em tudo.

A inveja também nos leva a pensar o mal dos outros sem motivos suficientes e a interpretar coisas aparentemente positivas em tom de crítica. Dessa forma, o invejoso:

- chamará de ladrão e sem-vergonha a qualquer um que tenha sucesso nos negócios;

- considerará interesseiro ou adulador aquele que o trata com educação;

- ou, de maneira mais "refinada", dirá de um amigo que joga futebol muito bem: "Esse burro! Ainda bem que sabe jogar bola!"

Ter admiração pelas habilidades e talentos alheios é um sentimento natural que o invejoso sufoca na estreiteza do seu coração.

A *escravidão da preguiça*

Já vi um pedreiro sentado num andaime cantando alegremente enquanto assentava tijolos. Ao seu lado, um sujeito amargurado e de cara fechada realizava a mesma tarefa.

Já vi um motorista de ônibus fazer o seu trabalho com satisfação, procurando agradar aos passageiros, e outro que, nas mesmas condições, dirigia com má vontade e resmungando de tudo.

Já vi o mesmo contraste entre caixas de supermercado, garçons, atendentes de loja e barbeiros.

E também nas salas de aula e nas famílias. Há pais e mães que se divertem com as tarefas do lar e a educação dos filhos, e pais e mães que só sabem queixar-se do trabalho e das dores de cabeça que os filhos lhes causam, que dizem não aguentar mais, que estão esgotados, etc.

Muitas vezes, a raiz da tristeza e da apatia está na preguiça. São pessoas que passam a vida numa batalha – uma batalha ironicamente exaustiva – para evitar o esforço, para encontrar um jeito de fazer menos e passar mais coisas para os outros fazerem.

O trabalho, as tarefas do lar, a educação dos filhos... Qualquer pessoa emprega a maior parte do dia nessas ocupações. Por que, então, fazê-las de má vontade? Isso equivale a passar a maior parte da vida amargurado.

– Claro, isso tudo é muito bonito. Só que de vez em quando também é muito pesado. Não dá para ficar alegre sempre...

Há pessoas alegres que têm os mesmos motivos que você para ficarem tristes. A diferença está na filosofia com que encaram a vida. Faça alguns propósitos:

- Em vez de trabalhar desanimado, procure ter boa vontade e logo o emprego lhe parecerá mais satisfatório;

- Em vez de enxergar o trabalho como um fardo, procure encará-lo como uma forma de realização, um motivo de satisfação e uma oportunidade de servir o próximo – entre outras coisas mais (Einstein dizia que somente uma vida para os outros vale a pena ser vivida);

- Em vez de ficar pensando na hora de ir embora, procure empenhar-se no que estiver fazendo no momento;

- Em vez de queixar-se continuamente e criar um clima negativo, procure fazer as coisas com paixão e criar ao seu redor um clima positivo.

Muitos pais queixam-se de que os filhos são muito preguiçosos. Têm preguiça, dizem, de levantar de manhã, de estudar, de realizar qualquer atividade que não lhes pareça diversão e, às vezes, têm preguiça até para divertirem-se. Tudo cansa, tudo chateia. São incapazes de entreterem-se por mais que alguns minutos. Uma simples contrariedade basta para os deixar abatidos. Ficam tristes por não conseguirem fazer nada do que se propõem e sentem dificuldade para enfrentar o ócio ou mesmo cultivar um *hobby*.

– E o ócio é preguiça?

O ócio, entendido como a ocupação com tarefas que nos ajudam a relaxar, não é preguiça; é algo bom e conveniente. Já o ócio, entendido como "matar o tempo", como não fazer nada, ou ainda como "deixar-se levar", é preguiça e, portanto, desaconselhável.

> O verdadeiro descanso é incompatível com a preguiça.

Quando bem utilizado, o tempo livre pode ajudar a enobrecer o homem, estimula a sua criatividade e a sua iniciativa pessoal, ajuda a cultivar o espírito e a fugir da vulgaridade. Além disso, se não sabemos aproveitar os momentos de ócio, também não saberemos trabalhar seriamente.

> O preguiçoso trabalha de má vontade para depois aborrecer-se no tempo livre.

A preguiça – e no geral a falta de uma boa educação da vontade – constitui uma das mais dolorosas formas de pobreza: o preguiçoso é incapaz de aproveitar a vida e de dar ao seu espírito um descanso compatível com a sua natureza.

Não se render ao que é mais fácil.
Um caso típico.

Entendo o que você diz – comentava Guillermo, um jovem recém-matriculado na universidade –, mas não posso ser diferente de quem eu sou.

Sempre fui um pouco despreocupado, um pouco informal. Não gosto de levar as coisas muito a sério. Quero aproveitar um pouco a vida, aproveitar um pouco esses anos. Tenho apenas dezenove anos e não estou com idade de pensar tanto.

Tenho muitos projetos para a vida, mas são coisas para o futuro. Não tenho pressa. Não aguento passar muitos dias fazendo a mesma coisa. Gosto de variedade. Já repeti uma matéria no colégio, mas isso não me traumatiza. Até prefiro fazer as matérias mais devagar, apreendendo mais coisas no caminho.

Sou assim para tudo. Por exemplo, tenho muitos amigos e amigas, mas gosto de mudar, conhecer gente nova, sem me amarrar a ninguém. Já saí com várias garotas, mas nenhuma durou mais de dois meses: não quero compromisso com ninguém, nem com nada.

Sempre quis – concluía – ser prático. Tenho de aproveitar a juventude, pois mais para frente vai chegar a hora de curtir uma vida mais sossegada. Não quero ser como esse povo que passa seus melhores anos debruçado sobre uma mesa, estudando dia e noite como se não houvesse mais o que fazer na vida.

Aquele rapaz não conseguia compreender que por *aproveitar*, como dizia, aqueles cinco ou seis anos de vida universitária provavelmente passaria os próximos cinquenta ou sessenta anos seguintes se lamentando.

Não queria entender que é preciso esforçar-se muito para abrir caminho no mundo profissional. Que se por um lado a juventude não deve ser passada inteiramente sobre os livros, é indubitável que boa parte das nossas vidas dependerá de como nos preparamos durante esses anos. Que o normal é que uma pessoa preguiçosa ou inconstante aos dezenove chegue aos trinta ou aos quarenta sem haver mudado muito, como ocorre com os egoístas, os frívolos ou os superficiais.

> O simples passar do tempo
> não melhora ninguém.

Olhe – lembro-me de ouvi-lo dizer –, não é tão simples. Seria uma maravilha ser alguém com uma vontade firme e tudo mais. Com certeza desejaria ser assim. Mas isso exige esforço, e não estou acostumado a passar perrengues.

Será que não tem um caminho mais fácil? Não seria possível ser feliz sem tanto sacrifício? Não sou uma má pessoa, você sabe disso. Procuro não prejudicar ninguém e, ao mesmo tempo, evitar qualquer complicação para a minha vida...

E essas pessoas costumam ter razão quando dizem que não são más, que procuram não prejudicar os outros. Mas essa filosofia benevolente de "não fazer mal a ninguém enquanto aproveita o máximo possível da vida" me parece um pouco pobre e bem perigosa, diferente de excluir logo de cara qualquer coisa que suponha alguma complicação na vida.

– *Mas também não acho que o ponto central da nossa filosofia de vida deve ser complicá-la...*

Concordo, mas também não devemos fazer de tudo para evitar complicações, principalmente quando o medo delas é a única razão que nos impede de tomar atitudes mais dignas. Fazer o bem requer, muitas vezes, um esforço considerável.

> Evitar habitualmente aquilo que requer esforço torna mais difícil mantermo-nos dentro dos limites da ética e da sensatez.

– *Mas também não faz muito sentido privar-se de coisas lícitas...*

Qualquer escolha, por simples que seja, pressupõe a renúncia às outras opções, sendo que a maioria delas é lícita. O filósofo John Stuart Mill (1806-1873) dizia que *não se pode esperar que uma pessoa que nunca se priva do que é lícito recuse sempre aquilo que é proibido.*

Um paralelo com a medicina ajuda-nos a entender melhor o porquê de evitar as coisas lícitas de vez em quando. Não se pode amputar um braço gangrenado bem no limite entre a parte sã e a doente. É preciso cortar um pouco além; do contrário, algum vestígio da gangrena pode permanecer no organismo e continuar a alastrar-se.

> Há pessoas que são como nuvens de sentimentos vagos, que só querem aceitar a parte fácil da vida.

Desejam o fim, mas não os meios necessários para alcançar esse fim. Querem ganhar prêmios Nobel sem estudar, enriquecer sem fazer força, ganhar a amizade de todos sem lhes fazer nenhum favor e outras coisas do tipo. Quanta falta de seriedade...

Não conseguem ver a diferença entre o que significa realmente querer algo, com todas as suas consequências, e o que é simplesmente uma ilusão, uma ideia que lhes agrada, um devaneio da imaginação.

Precisam compreender que na vida real é necessário mais esforço do que em romances fantasiosos. E talvez não consigam aceitar a realidade da vida por estarem completamente mergulhados no comodismo.

Querem, igual a todos, ser bem-sucedidos na vida, mas se esquecem do esforço contínuo que isso requer: o sucesso acadêmico custa muitas horas de aulas e estudo que nem sempre nos agradam. Um bom atleta precisa treinar com perseverança e seguir rotinas esgotantes, e ninguém domina um idioma depois de um punhado de aulas e algumas semanas no exterior. Para quase tudo é preciso muito esforço. Quem não faz esse esforço acaba por abandonar as suas metas, sinal de que não desejava de verdade.

Essa falta de fortaleza de caráter revela-se, às vezes, sob a forma de uma verdadeira febre de mudança de objetivos. Exemplos típicos:

- O sujeito vê uma propaganda de um método muito eficaz de ensino de inglês e decide adquiri-lo com uma enorme urgência. Depois da compra, vem a primeira decepção: o método é muito trabalhoso e exige que se façam alguns exercícios após cada lição. De qualquer forma, inicia as lições... Fica cansado, continua, abandona, retoma, se chateia... e finalmente larga tudo por volta da quarta lição;

- Na semana seguinte, esse mesmo sujeito começa a ler um livro interessantíssimo. Mas, logo em seguida, a leitura fica pesada, e ele a abandona nos primeiros capítulos;
- Depois, tem a ideia de correr uns minutos todos os dias, mas desiste em menos de uma semana;
- Em seguida, apega-se ao sonho de ser um grande músico, mestre de tal ou qual instrumento. Uns dias depois, esse projeto já lhe parece inútil ou impossível;
- Talvez mais adiante comece a fantasiar algo diferente. O resultado é mais um *hobby* que se junta a uma série de outras ilusões que nunca realizará, a esse contínuo devaneio da inconstância que é a sua vida;
- Noutro dia, porém, vê um filme sobre um personagem com quem se identifica e enche-se de planos maravilhosos... que se desfazem assim que ele respira os ares da rua e volta à realidade do seu sentimentalismo ingênuo.

Quem mima a si mesmo torna-se mole e inconstante. O caminho da "vida fácil" parece tranquilo no começo, mas vai ficando cada vez mais trabalhoso até que termina num amargo despertar.

> A "vida fácil" não é mais fácil.

A falta de dons naturais.
Alicia

A minha colega estuda em uma hora um assunto que me consome a tarde inteira... – dizia, com pessimismo, Alicia, uma atribulada estudante de dezesseis anos.

Passo o fim de semana inteiro dentro de casa, estudando, enquanto ela nem faz força e tira a melhor nota da sala.

Se o professor me faz uma pergunta quando estou distraída na aula, não faço a menor ideia do que dizer. Já ela consegue bolar uma boa resposta juntando uma ou duas ideias.

Quando penso nessas coisas e começo a comparar, fico muito triste ao ver que todos são melhores do que eu e que nunca poderei mudar isso.

As pessoas que, como Alicia, sofrem com essa preocupação devem primeiro ver que não é verdade que sejam inferiores em tudo. Essa situação tem remédio. A natureza costuma repartir os seus dons de uma forma mais igualitária do que parece, e outras pessoas, com limitações superiores às suas, tiveram sucesso na vida e foram muito felizes.

Para começo de conversa, é provável que a garota se lamente de limitações que não são tão importantes quanto imagina. Ela esquece das muitas qualidades que possui. Talvez elas não brilhem tanto e, por isso, não chamem a atenção, mas podem ser até mais importantes do que os dons que ela tanto admira nos outros.

Talvez os outros sejam mais simpáticos, mais engraçados, mais capazes em alguma coisa. Ou talvez sejam mais bonitos, mais ricos ou aparentemente mais sortudos. Mas isso não é o essencial; há coisas mais importantes. Além disso, muitas vezes quem tem menos talento, mas se esforça mais para desenvolvê-lo, acaba superando gente muito mais capacitada.

Não é uma boa filosofia contemplar a vida no condicional, pensando no que poderíamos ter sido se tivéssemos nascido diferentes, com outros talentos, ou se tivéssemos agido de outra maneira.

> Não apenas podemos como devemos viver a vida aceitando-a como é.

Se nos faltam meios ou talentos, temos de tirar proveito do que temos e deixar de viver na fantasia.

Um jovem inteligente deve tirar vantagem da inteligência e parar de lamentar-se por não ser bom nos esportes, nas relações públicas e nas artes. Um jovem meio feio e lerdo dificilmente chegará a ser bonito e inteligente, mas pode ser simpático, agradável, bom profissional e, de modo geral, um homem excelente. O melhor é ser o que se é e procurar tornar-se um pouco melhor a cada dia.

Um erro percebido a tempo. Roberto e Marta

Há toda uma onda de sexualidade no ar – assegurava Roberto, com a franqueza que lhe conferiam os seus dezenove anos – para quem quiser ou não. É inevitável. Nas ruas, na internet, em toda parte.

O curioso – continuava – é que os pais parecem não entender o que isso significa para um adolescente. Eu, pelo menos, não recebi qualquer ajuda nesse aspecto durante todos estes anos.

Provavelmente, é porque eles se esquecem do quanto estavam protegidos quando tinham a sensibilidade dessas questões à flor da pele. Agora que são adultos, não conseguem ver essas coisas da mesma maneira.

Talvez no tempo deles fosse mais difícil ter acesso aos prazeres do sexo na adolescência, mas é óbvio que, para o adolescente de hoje, difícil mesmo é não sucumbir diante da facilidade com que a nossa sociedade oferece o consumo do sexo.

Roberto era um profundo conhecedor dessa realidade e se expressava com uma firmeza e uma sinceridade surpreendentes.

O que acontece é que, depois de uns anos, você se vê com um longo rastro de erros na própria educação sexual, erros que influem na sua afetividade, em todos os seus sentimentos, no seu caráter. Hoje eu compreendo perfeitamente.

Isso afeta o seu modo de entender o namoro, as formas de diversão, o equilíbrio emocional... enfim, quase tudo. Pensando nesses últimos anos e em tudo o que aprontei, penso que agora começo a perceber o que aconteceu comigo.

Percebo, por exemplo, o papel que a pornografia desempenha nessa idade. É o combustível ideal para incendiar a imaginação, e os seus efeitos não podem ser ignorados. Chega uma hora em que tudo aquilo passa a parecer normal, e você começa a pensar que se trata simplesmente de experimentar... e tudo o mais vem a reboque.

O pior é que, quando você finalmente percebe que tudo isso é um grande erro que não leva a lugar algum, não é fácil parar. Embora chegue um momento em que os prazeres são desmistificados, abandoná-los é uma história completamente diferente.

Dizem que depois que experimentamos de tudo estamos em melhores condições para decidir o que queremos, mas isso é um grande engano. E não apenas com relação ao sexo: veja só, por exemplo, o que acontece com as pessoas que querem parar de fumar e não conseguem apesar de terem consciência que o cigarro não dá nenhum prazer extraordinário.

Tive a sorte de conhecer Marta, que, mesmo tendo dois anos a menos do que eu, era muito mais sensata. Em quatro meses, ela mudou minha cabeça. É uma menina fenomenal. Tive, realmente, muita sorte.

Acredito que para não cair nesse erro, ou para sair dele, é fundamental refletir um pouco e ter uma visão um pouco mais elevada da vida, e foi isso que Marta me trouxe. Acho também que entender e viver corretamente a sexualidade é decisivo para constituir uma família.

Vale muito a pena pensar no tipo de pessoa com quem você desejaria compartilhar a vida. Ainda sou jovem e posso não ter muita experiência de vida, mas não sou cego e fico assustado com o número de casamentos fracassados que já vi. Acredito que o amor não é uma coisa que a gente perde como se fosse um isqueiro. Penso que, em alguns casos, jamais existiu amor. A única coisa que esses casais perderam foi o prazer que tiravam um do outro.

É uma pena – concluía Roberto, um pouco solene – que algumas pessoas, como eu, só compreendam isso com o passar dos anos e a duras penas. Se todos pensássemos mais nesses temas, poderíamos evitar muitas situações tristes. É difícil prever um bom futuro a quem chega ao matrimônio sem ter tomado as rédeas do impulso sexual...

Chamou-me a atenção a clareza das suas ideias diante da nova etapa que se abria em sua vida. Por isso transcrevi aqui o que me lembro daquele relato. E é tudo verdade. Com frequência vemos pessoas com pouca força de vontade abandonar todas as razões – os filhos, a estabilidade da família, etc. – sempre que surge a tentação da novidade sexual.

É necessário fazer jus ao amor, resgatar o seu sentido mais íntimo, mostrar que um amor apaixonado só pode ser uma entrega apaixonada em busca do bem daquele a quem se ama. Porque muitos, com suas palavras e atos, confundem o sexo com o amor.

> Saber de sexo é muito fácil; saber de amor é bem mais difícil.

O amor requer o aprendizado de uma vida inteira, uma luta contínua contra o egoísmo, e o egoísmo tem uma incrível capacidade de regeneração.

A degradação ou supervalorização do sexo emerge na forma de uma personalidade vaidosa e pouco firme. Não é à toa que dizem: "luxúria oculta, soberba manifesta". A corrupção do amor pela luxúria pode arruinar uma pessoa em pouco tempo. Por isso, dedicamos uma pequena epígrafe para este trecho dedicado às diversas dificuldades da adolescência.

A magia da noite

Não sei se é bom ou ruim... – dizia-me alguém em certa ocasião –, mas gosto e faço. Depois de uma semana inteira de aula, a gente quer mesmo é estar com as pessoas, ver os amigos... e não se importar com mais nada. Tudo é imprevisível. Saio à noite com o pessoal e nunca sei direito o que farei, nem com quem, nem a que horas vai acabar, nem onde, nem como... mas isso faz parte do encanto.

De vez em quando é chato, e às vezes bebo um pouco mais que o normal e sinto vergonha quando me contam as coisas que fiz...

Naturalmente, gasto uma dinheirama. Sem dinheiro, nada acontece. No dia seguinte, sinto um sono terrível e uma ressaca monumental. É o preço da diversão...

Não devemos simplesmente abominar as pessoas que contam esse tipo de história, mas encorajá-las a analisar serenamente o seu comportamento. Levá-la a pensar, por exemplo, se esse estilo de diversão conduz ao excesso de álcool, ao uso de drogas, à ansiedade por sexo, etc. Ou examinar-se a fundo para saber se realmente gosta dessa vida desregrada, se essa é mesmo a única opção que conhece ou se simplesmente segue "o que todo mundo faz".

Precisamos de criatividade para propor novas maneiras de ocupar o tempo livre, novas maneiras de divertir-se que não se imponham pela mera falta de opção ou pelo "todo mundo faz". Basta usar a imaginação para buscar alternativas válidas e interessantes. Há infinitas possibilidades no campo do cinema, do teatro, dos esportes, da leitura e do que quer que seja. Podemos organizar bailes, viagens, festas, excursões, reunir-se com os amigos para tocar ou escutar música, cultivar *hobbies* variados, etc. É fundamental que tomemos as rédeas do nosso próprio modo de empregar o tempo livre.

CAPÍTULO III
A rebeldia adolescente

> *Nenhum homem sabe o quanto é mau até se esforçar para ser bom. Só conhecemos a força do vento quando caminhamos contra ele, e não quando nos deixamos levar.*
>
> C. S. Lewis

Uma conversa surpreendente

Um americano visitava uma cidade ao norte do seu país e surpreendeu-se ao ver um jovem que passava os dias deitado na grama. Travou com ele uma conversa mais ou menos assim:
– Você não estuda? Não trabalha?
– Como? – disse o rapaz entreabrindo os olhos.
– Você bem que poderia estudar.
– Mas para quê?
– Para entrar numa boa faculdade no futuro.
– Para quê?
– Para ter um diploma e poder trabalhar.

– Para que isso?
– Para ganhar bastante dinheiro.
– E para quê?
– Ora, para que você possa ter uma boa casa e muitas outras coisas – contestava o turista, já um pouco perplexo.
– Para quê?
– Para poder descansar na velhice e aproveitar o que tem.
– Mas é justamente isso que estou fazendo agora: descansando.

Não adianta muito fazer propostas como as desse turista aos jovens. É difícil dar sentido à vida de alguém com esse tipo de ideal. Além disso, nossos conselhos às vezes são minados pela nossa própria estreiteza de horizontes: criticamos o estilo de vida dos jovens sem lhes oferecer nada que lhes pareça melhor. Isso piora se levarmos em conta a tendência "desmistificadora" dos adolescentes: acreditam já ter visto e experimentado de tudo, quase sempre com certa decepção. Não encontram sentido em nada, como vimos de maneira um tanto caricata na historieta acima.

Os adolescentes podem passar por uma fase em que dão importância apenas ao imediato; não se atrevem a crer em mais nada por medo de decepcionar-se de novo. Preferem ter pequenas crenças e pequenas expectativas, pois assim se sentem mais seguros.

Nesses casos, é bom procurar animá-los e reforçar a sua confiança em si próprios. Devemos dizer-lhes que é melhor sonhar um pouco, mesmo que às vezes nos enganemos, e ter esperança, ainda que às vezes ela traga desilusão.

> Devemos apostar em algo na vida, sem nos resignarmos à completa mediocridade.

Idealismo e vaidade. A fábula de Narciso

Reza a lenda que Narciso era filho de um rio e de uma ninfa, e, como se pode imaginar, um rapaz muito belo. O problema era que ele rechaçava o amor que lhe ofereciam e permanecia insensível ao carinho dos outros. Só queria saber de si. Assim passaram-se os anos, até que, em um dia de muito calor, o rapaz deteve-se em frente a uma fonte para se refrescar quando voltava da caça. Ao inclinar-se para beber água, viu a sua imagem refletida nas águas e apaixonou-se perdidamente pela própria figura. E ali ficou, dias e mais dias, semanas e mais semanas, indiferente a tudo o que o rodeava. Assim, imóvel como uma estátua, absorto na contemplação da própria imagem, deixou-se consumir pela fome e pela solidão, até desfalecer e tombar sem vida sobre a grama.

Desta velha lenda vem o nome do *narcisismo*: a ingênua vaidade de quem alimenta sem cessar a admiração por si mesmo diante do espelho.

A tragédia de Narciso assume diversas formas muito mais atuais na realidade das ruas. Surge como um idealismo ingênuo e preguiçoso que permeia a afetividade de muitos jovens. Todos estão cheios de projetos: desejam ser grandes gênios, artistas virtuosos, criadores incomparáveis. Contudo, logo percebem que vão mal nos estudos, que jamais leem um livro sequer, que não sabem o que é acordar cedo.

Pensam que são chamados a ocupar cargos de destaque, destinados a ser como aquele grande empresário que gerou a própria fortuna em poucos anos e é hoje imensamente rico. Imaginam que vencer na vida é uma tarefa simples, um sonho dourado, glorioso, prazeroso e gratificante.

Passeiam pelas ruas imaginando os olhares de admiração

e inveja que lhes dirigiriam, sem dúvida, os motoristas e transeuntes.

Se alguns recebem algum elogio (talvez mera formalidade), logo se veem como um novo Mozart ou um novo Goya. Pintam-se como gênios mundiais, super-homens. Comportam-se da maneira que julgam apropriada para alguém do tipo, anárquica e estridente, como alguém que nada mais tem a aprender e que viverá sem muito esforço graças ao seu imenso talento.

Mas a vida não costuma ser assim. A realidade é dura.

> Para realizar qualquer coisa séria na vida, é preciso trabalhar muito, aprender muito, errar muito.

Os jovens precisam entender que jamais conseguirão *construir* o seu futuro se hoje põem os sonhos à frente da realidade. Talvez convenha lembrá-los daquela frase de Thomas Edison: "O gênio é feito de um por cento de inspiração e noventa e nove por cento de transpiração", ou seja, de suor e trabalho.

– *Mas você tinha dito que era bom que os jovens tivessem ideais elevados...*

Sim, mas não basta ter grandes projetos e ideais: é preciso aprender a concretizá-los na luta ordinária da dura realidade. Muitos idealistas já se deixaram enfraquecer pela bajulação da vaidade.

A vaidade leva-nos a acreditar que somos diferentes do que realmente somos. O vaidoso pensa que faz maravilhas e magoa-se quando os outros não o valorizam. O feitiço da vaidade causa-lhe problemas e, mais que isso, um sofrimento enorme.

– *E que remédio você propõe?*

O melhor remédio é um pouco de realismo:

- Para algumas pessoas, realismo significa compreender que os gênios são, geralmente, inteligências aperfeiçoadas por um estudo profundo;
- Para outras, significa abrir um pouco os olhos e descobrir as qualidades dos outros, que é uma excelente forma de aprendizado;
- Para quem passa horas diante do espelho e ainda assim não se sente seguro com a própria imagem, realismo é ser menos exigente com a sua aparência;
- Para todos, enfim, realismo é recusar o engano da adulação (própria ou alheia) e compreender que o objetivo da vida não pode ser algo tão passageiro quanto a opinião ou admiração dos outros.

Os famosos, quando sensatos ou sinceros, reconhecem que a doçura da glória não é suficiente para dar sentido à vida. Sabem que um pouco de carinho vale mais do que todos os aplausos do mundo e que, às vezes, perderam o carinho dos entes queridos na luta para conquistar esses aplausos, e isso os deixa tristes.

Devemos nos esforçar por ser pessoas boas e coerentes. Podemos desejar também que os outros percebam o nosso esforço e o valorizem, mas isso já é mais difícil e, acima de tudo, menos importante. Muitas vezes, é termos de contentar-nos com o que somos – o que não é pouca coisa; é fundamental. *As palmas verdadeiramente importantes e compensadoras são aquelas que vêm de dentro, da consciência de ter agido retamente.*

A febre do "não é assim"

Conta a tradição que um bandido chamado Angulimal foi matar Buda. E Buda lhe disse:
– Antes de matar-me, ajuda-me a realizar um último desejo: corta, por favor, um galho desta árvore.

Angulimal fitou-o perplexo, mas resolveu conceder-lhe aquele estranho último desejo e, com um só golpe, fez aquilo que Buda lhe havia pedido.

Então Buda continuou:
– Agora, por favor, enxerta o galho na árvore novamente, para que continue a florescer.

– Tu deves estar louco – contestou Angulimal – se pensas que isso é possível.

– Pelo contrário – respondeu-lhe Buda –, louco és tu, que se julga poderoso por poder ferir, matar e destruir. Isso é fácil até para crianças. O verdadeiro poderoso é aquele que sabe criar e curar.

Para destruir, arrasar e gritar de forma estéril; para dizer sempre que "está tudo errado", que *"não é assim..."*; para nada disso é necessário qualquer engenho, ciência, esforço ou qualidades.

– *Sempre preferi a rebeldia ao conformismo burguês. Acho digna de aplauso a insatisfação com o mundo e o desejo de mudá-lo.*

Eu também, mas a rebeldia – que é algo necessário – deve reunir certas condições, e talvez a primeira delas seja sabermos contra o que nos rebelamos.

– *Contra o mal, a injustiça, a mediocridade...*

Correto, mas devemos começar a combater o mal, a injustiça e a mediocridade que existem dentro de nós. Não podemos ser como esses rebeldes que nem estudam, nem se esforçam, nem podem ser considerados exemplos para nada. O que eles têm, mais do que tudo, é vontade de discordar.

A história está cheia de exemplos de rebeldes que viraram burgueses ao assumir o poder, bem como rebeldes que se encheram de ressentimentos e críticas destrutivas ao fracassarem.

> É muito fácil dizer que algo está errado e precisa mudar. Difícil – e necessário – é contribuir com ideias positivas e conseguir mudar realmente a situação.

A dor, a humilhação ou a desgraça

A adversidade e a dor existem na vida de todos. Constituem uma realidade clara e patente à qual as pessoas reagem de maneiras muito diversas.

Uns se irritam, maldizem o mundo e teimam em não aceitar; outros refugiam-se na melancolia, essa mão enganosa que se estende a nós mas que nunca se deixa alcançar, passageira, volátil, fugitiva.

A dor e a adversidade não devem ser consideradas coisas tão terríveis. A maior parte dos pensadores que enfrentaram seriamente a questão dizem que elas sempre trazem ensinamentos úteis para a vida, lições que, quando bem recebidas, podem transformar-se em algo positivo.

> Os golpes da adversidade são amargos, porém nunca estéreis.

Os pais devem ser um exemplo de serenidade e alegria ante os reveses da vida. "O gênio revela-se na adversidade, mas permanece oculto na prosperidade", afirmava Horácio.

A alegria é uma prova de que toda a estrutura de virtudes e valores de uma pessoa vai bem. Alguns desesperam-se por muito pouco. Outros encontram força em meio a dificuldades bem maiores. A questão não é o tamanho da adversidade, mas a riqueza interior das pessoas que as sofrem e o modo como as enfrentam. Por isso, já houve quem dissesse que o valor de cada pessoa é inversamente proporcional às facilidades que teve na vida.

Autossuficiência e conselho

Conta-se que certa vez um burro empacou bem no meio de uma ponte estreita, dessas que vemos em filmes penduradas entre as margens de um rio caudaloso.

Tentaram arrastá-lo pela cabeça, empurrá-lo e até tocá-lo à base de pauladas no dorso. Em vão: não havia modo de fazê-lo andar. Em ambos os lados da ponte, pessoas esperavam impacientemente.

Isso durou até chegar um sujeito que parecia entender de burros. Ele aproximou-se, pegou o burro pelo rabo e puxou para trás. Ao sentir que queriam fazê-lo retroceder, o animal disparou como uma flecha para frente, deixando a passagem livre.

Há pessoas que são como esse burro: "do contra". Basta que lhe digam algo para se declararem contra. Têm por hábito dizer e fazer o oposto do que lhes é pedido.

Talvez o melhor jeito de educar essas pessoas seria contratar os serviços de um *expert* em teimosia – como o personagem da anedota – que lhes diga a cada momento o contrário do que queremos conseguir deles.

É triste ser obstinado como aquele burro. Não podemos

ser tão autossuficientes que não saibamos aceitar um conselho. Todos necessitamos de alguém que nos ajude e nos compreenda; pelo menos, de alguém com quem possamos desabafar ocasionalmente.

> Desabafar um pouco e pedir ajuda a quem possa ajudar já é um passo importante.

- Primeiro, porque isso significa que já nos demos conta de que necessitamos dessa ajuda;
- Em segundo lugar, porque compreendemos a nossa situação com mais clareza ao explicá-la para outra pessoa. Além disso, o simples fato de relatar o que nos acontece já constitui um grande alívio;
- E por último, porque quem nos ouve pode ajudar-nos muito com bons conselhos.

– *Mas dizem por aí que quem pede conselho para qualquer coisa pensa com a cabeça alheia e não tem personalidade.*

Pedir conselhos não implica segui-los: somos os autores e responsáveis primeiros pela nossa vida. Devemos pedir conselho a alguém digno de confiança e, então, tomar a decisão por nossa conta.

A criança que aprende a nadar ou a andar de bicicleta vai aos poucos soltando-se do instrutor e tornando-se autossuficiente. Ainda assim, continuará a receber conselhos – não ordens – para melhorar o seu estilo. Por outro lado, deixar uma criança errar e cair mil vezes enquanto tenta aprender a equilibrar-se seria tão errado quanto segurá-la para sempre.

É muito duro para qualquer um não ter ninguém que

saiba dar um conselho oportuno nos momentos difíceis. Isso às vezes acontece com os adultos, mas é mais frequente com as crianças. Muitas não têm nenhum amigo da mesma idade ou um adulto a quem possam abrir o coração; não têm ninguém em quem confiar.

Quem mais sofre, contudo, são aqueles que têm alguém em quem confiar, mas não querem fazê-lo por serem orgulhosos demais. Empenham-se em ruminar solitária e continuamente os seus problemas, que facilmente se resolveriam numa conversa aberta de pai para filho, de irmão para irmão, ou entre amigos.

A paz e a alegria da família dependem em boa medida de que todos procurem ajudar-se mutuamente.

> Às vezes, porém, será mais importante aprendermos a deixar que os outros nos ajudem, a escutar essa voz amiga que nos dá um bom conselho.

Corrigir na família. As quatro regras

O adolescente tende por natureza a julgar tudo; possui uma visão bastante crítica de tudo ao seu redor.

– *Isso não é necessariamente ruim. Pode até ser muito positivo.*

Com certeza. Mas, para que o seja de fato, para que essa crítica seja positiva, é necessário que se estabeleçam as *regras do jogo*. Poderíamos resumi-las em quatro:

Primeira. Para que alguém tenha o direito de corrigir, deve primeiro ser capaz de reconhecer – e dizer – o que existe de bom nos outros. Quem não sabe elogiar as outras pessoas de vez em quando não deve corrigi-las. Ora, se uma pessoa nunca reconhece o que o filho ou o cônjuge fazem de bom – e com certeza eles acertam mais do que erram –, com que direito poderá corrigi-las quando errarem? Quem não enxerga nada positivo nos outros deve reestruturar a própria vida a partir dos seus fundamentos, pois com certeza algo dentro dessa pessoa não vai bem para que possua tamanha cegueira.

Segunda. É preciso corrigir com ternura. Deve-se fazer a crítica como amigo, e não como inimigo. Para isso, as palavras devem ser serenas e ponderadas, sem precipitações ou exaltações. A crítica precisa ser cuidadosa, feita com o mesmo esmero de quem cuida de uma ferida. Nada de ironias ou sarcasmos: quem corrige precisa ter a esperança de colaborar para uma verdadeira melhora.

Terceira. O responsável pela correção deve fazer um exame de consciência prévio para averiguar o seu grau de culpa no caso em questão. Quando algo vai mal na família, dificilmente alguém pode alegar inocência total.

Além disso, quando alguém se sente corresponsável por um erro, corrige-o de forma diferente. Isso porque corrigirá *a partir de dentro*, começando pelo reconhecimento da própria culpa. A pessoa corrigida entenderá e aceitará muito melhor a crítica e não a verá como uma agressão externa, mas sim como uma ajuda.

Tudo isso fica mais fácil quando há na família uma *fluidez na correção*, ou seja, quando os membros podem dizer as coisas uns aos outros com normalidade. Os ressentimentos e as mágoas não podem ficar guardados dentro do coração, porque acabam apodrecendo.

Quarta. Trata-se de uma regra múltipla sobre a melhor maneira de levar a cabo a correção:

- Corrigir face a face: não há nada mais sujo do que a fofoca ou a denúncia anônima típica de quem "quer ver o circo pegar fogo";

- Em particular e a sós com a pessoa envolvida;
- Nada de comparações, nada de "aprenda com o seu primo, que tira notas tão boas", ou então "olhe só o vizinho, como é educado...";
- Prudência ao julgar as intenções da pessoa: deve-se sempre pressupor a boa vontade do indivíduo;
- Não falar do que não se tem certeza. Do contrário, podemos ser frívolos no julgamento e corrigir alguém com base em rumores, suposições ou suspeitas: lembre-se sempre de que é necessário *pressupor o bem, comprovar o mal* e *avaliar a fonte das informações*;
- A crítica deve ser específica e concreta, e não generalizada; deve focar no assunto sem exageros, superlativos ou abuso de palavras como "sempre", "nunca", etc...;
- Falar uma ou duas coisas por vez. Se acumularmos uma longa lista de agravos, a crítica parecerá mais uma humilhação monumental ("Você não faz nada direito") do que desejo sincero de ajudar;
- Não reiterar demais as críticas: precisamos dar tempo para que as pessoas melhorem, pois a insistência excessiva também é contraproducente;
- Saber escolher o momento certo para corrigir ou aconselhar. Geralmente, é bom corrigir o quanto antes, mas também é necessário que as duas partes estejam tranquilas para falar e para escutar: se um dos dois estiver nervoso, é melhor esperar um pouco mais. Se não, a situação poderá piorar ainda mais;
- Sempre pôr-se no lugar da pessoa e levar em conta as suas circunstâncias. Como dizem, quem vai corrigir precisa "estar na pele" do corrigido antes de emitir qualquer opinião.

Agindo assim, somos capazes de corrigir de uma maneira diferente. Veremos até que muitas vezes será melhor se calar. Há quem diga que, se tivéssemos acesso à história secreta dos nossos inimigos, acharíamos em suas vidas penas e sofrimentos suficientes para fazer cessar toda a nossa hostilidade.

Aprender a errar. O perfeccionismo

Todos conhecemos jovens que se tornam excêntricos por uma espécie de pavor de errar.

Esse jovem muitas vezes escapa das partidas de futebol ou vôlei no colégio com a desculpa de que não joga bem. Ou é aquele que jamais vai até a lousa voluntariamente por medo de não saber resolver o exercício. Ou não quer participar de um jogo que não conhece, porque não quer arriscar uma derrota antes de dominar bem as regras.

Os perfeccionistas têm os seus pontos positivos – acreditam no trabalho bem feito, procuram terminar bem as coisas, esforçam-se por cuidar dos detalhes – e também os seus pontos negativos –, vivem tensos, perdem tempo com coisas de pouca importância, sofrem quando não conseguem chegar à perfeição almejada e costumam ser exigentes demais com quem não é como eles.

Uma das coisas mais difíceis da vida é aprender a errar. Não me refiro ao simples fato de cometer uma falha; isso é muito fácil. Falo de errar sem se deixar abater, de reconhecer um erro sem sentir uma vergonha terrível. Não devemos fazer como Guille, o irmãozinho de Mafalda, quando a irmã o encontrou chorando desconsoladamente:

– O que houve, Guille?
– Meus pés estão doendo – respondeu ele a soluçar.

Mafalda olha então para os pés dele e diz:
– Mas é claro, Guille. Você pôs os sapatos ao contrário.

O menino, depois de constatar o erro que cometera, começa a chorar ainda mais alto. Mafalda o interrompe:
– Mas e agora? O que foi?
– Agora é o meu orgulho que dói!

As falhas são algo natural ao ser humano, seguem-no como a sombra segue o corpo. Todos nos equivocamos, e normalmente até mais do que percebemos. Por isso, quando os perfeccionistas se deprimem ao constatar que não são perfeitos, demonstram ser pessoas muito pouco realistas.

Precisamos aprender que errar não é nenhuma tragédia, visto que a qualidade do homem não está nos erros, mas sim em saber recuperar-se dessas falhas.

– *E você não acha que nós pais também temos culpa?*

Enganam-se os pais que criam o filho para ser perfeccionista, para jamais repetir de ano ou quebrar um prato. Na verdade, deveriam educá-lo para *esforçar-se* em ser um bom aluno e *procurar* não derrubar os pratos. Principalmente, deveriam educá-lo para que saiba fortalecer-se com cada erro que comete e seja capaz de voltar a estudar com dedicação ou recolher os pedaços do prato quebrado.

Todos cometemos erros. A diferença é que alguns de nós tiram deles humildade e lições para o futuro, ao passo que os outros os usam apenas para alimentar a amargura e o pessimismo. Convém educar as crianças para que tenham a capacidade de superar todos os obstáculos com espírito esportivo.

Dá pena ver pessoas inteligentes abalarem-se e abandonarem os estudos ou o trabalho ao primeiro sinal de dificuldade. Há jovens que fracassam no primeiro namoro e logo saem a maldizer a humanidade inteira; e outros que caem em depressão com um pequeno contratempo afetivo ou profissional. O maior fracasso de todos é deixar de fazer as coisas por medo de fracassar.

Um esclarecimento sobre a humildade

Muita gente pensa – explicava C. S. Lewis – que a humildade implica que as mulheres bonitas devam considerar-se feias ou que as pessoas inteligentes devam julgar-se burras. Por causa desse mal-entendido, muitos passam a vida fazendo uma imagem absurda de si próprios e, assim, jamais chegam a desenvolver a humildade.

> Não se deve confundir a humildade com algo tão simples e ridículo como uma ideia errada sobre os próprios talentos.

A humildade nada tem a ver com um fingimento absurdo de falta de qualidades.

– *Mas esse erro é muito comum.*

Com certeza. E ao longo dos séculos muitas vozes sensatas ergueram-se para nos lembrar de que a humildade não pode ferir a verdade, e que a sinceridade e a humildade são duas formas de designar uma única realidade. A humildade não está nem em exaltar-se nem em desvalorizar-se, mas sim na sua união com a verdade e a naturalidade.

Talvez, para facilitar as coisas, seja melhor primeiramente apontar algumas ideias erradas sobre a humildade:

- Não se fomenta a humildade na família humilhando os outros (isso costuma produzir o exato oposto);

- Guardar para si os elogios devidos às boas ações do cônjuge ou dos filhos com a desculpa de "evitar que se envaideçam";

- A contínua comparação com os outros também não ajuda. Uma pessoa não tem valor pela relação que estabelece com as outras, mas sim, e sobretudo, por si mesma;

- A humildade não consiste em cobrir-se de toneladas de lixo e bancar o coitado. Até porque quem vive culpando-se por tudo não costuma acreditar de verdade no que diz; passa a vida a dizer que tem uma péssima memória, que é desastrado, que não acerta uma..., mas sempre fala de modo genérico. Basta alguém apontar uma falha concreta sua para começarem a justificar-se: no trânsito, a culpa é sempre de outro motorista; nos esportes, o problema é que não passaram a bola, que a quadra não estava em boas condições, etc.

- Também não é humildade a atitude triste e vitimista de quem diz "sou assim mesmo" e se abandona aos seus próprios defeitos sem se importar em lutar para melhorar. Isso pode ser comodismo ou inconstância, mas jamais humildade.

Aguentar tudo? O erro de uma mãe

Isso vem piorando aqui em casa dia após dia já há algum tempo – lamentava amargamente uma menina de dezessete anos.

Antes, a minha mãe tinha mais autoridade, mas agora anda acuada e ninguém lhe obedece em nada.

A nossa casa virou uma espécie de pensão, em que as pessoas só aparecem para comer, dormir e pedir dinheiro. Cada um vive a sua vida. Sempre chegamos tarde sem avisar, e é raro o dia em que não há uma discussão.

Os meus irmãos mais novos perderam todo o respeito por ela. Sempre a contrariam e chegam até a insultá-la no calor dos desentendimentos. É duro para mim ver o jeito como a tratam, mas não me atrevo a dizer nada, porque a verdade é que eu mesma também tenho agido mal e não estou em condições de passar sermão em ninguém.

O meu pai nunca está em casa desde que mudou de emprego. E quando chega em casa, não tem energia para nada. Além do mais, como o seu gênio é muito forte, a minha mãe prefere não lhe contar os desgostos que causamos, e isso faz bem. Do contrário, acho que seria até pior.

Ela sofre muito e aguenta tudo com uma paciência e humildade admiráveis.

– *Não acho certo tolerar essas atitudes dos filhos.*

Eu também não acho. Só que quando já estão consolidadas, não é nada fácil revertê-las. Esse caso ilustra a necessidade de sempre dedicar-nos a fazer as coisas corretamente desde o princípio, porque a atitude dessa mãe não é paciência nem humildade, como pensava a filha. Deixar-se subjulgar dessa maneira está longe de ser virtude. Na família, assim como em toda parte, é preciso começar por exigir que toda pessoa seja tratada com respeito, e isso não é orgulho nem vaidade.

Às vezes, vemo-nos imersos num drama familiar muito doloroso, e a única coisa que podemos fazer é suportar pacientemente. O normal, porém, é que tenhamos de "pôr os pingos nos is" sempre que for necessário nos fazer respeitar.

Quem recorre aos insultos, principalmente se os faz com frequência, perde toda a razão. E quem costuma suportar esse tipo de atitude com ares de vítima pode até ser alguém admirável ou heroico. O mais provável, porém, é que seja um pouco bobo.

> Devemos empregar a energia necessária na defesa dos nossos direitos. E isso é compatível com a humildade.

Será preciso encontrar uma solução concreta para cada caso, mas raramente a postura ideal será aguentar tudo calado.

* * *

Para recordar...
Muita coisa vem de nascença, mas o caráter de uma pessoa depende mais das suas ações e da educação que recebeu.

Para pensar...
"O nosso caráter é resultado da nossa conduta" (Aristóteles).

"Semeia um pensamento e colherás um desejo; semeia um desejo e colherás uma ação; semeia uma ação e colherás um hábito; semeia um hábito e colherás o caráter" (Tihamer Toth).

Para ver...
Mr. Holland – Adorável Professor (*Mr. Holland's Opus*). Direção: Stephen Herek. EUA, 1995. 143 min.

A vida é bela (*La vita è bella*). Direção: Roberto Benigni. Itália, 1998. 116 min.

Uma história real (*The Straight Story*). Direção: David Lynch. EUA / Reino Unido / França, 1999. 112 min.

Para ler...
Pilar Martín Lobo, *Tu hija de 15 a 16 años*, Coleção Hacer Familia nº 34. Ediciones Palabra, Madri.

Santiago Herraiz, *Tu hijo de 15 a 16 años*, Coleção Hacer Familia nº 34. Ediciones Palabra, Madri.

Antonio Crespillo, *Problemas de los adolescentes*, Coleção Hacer Familia nº 71. Ediciones Palabra, Madri.

Fernando Corominas, *Cómo educar la voluntad*, Coleção Hacer Familia nº 50. Ediciones Palabra, Madri.

Para falar...

O objetivo é que pais e filhos pensem sobre como são, sobre como gostariam de ser e sobre como deveriam ser. Devemos pensar no melhor modo de propor periodicamente uma conversa franca com cada filho sobre este ponto.

Para educar alguém em um determinado valor ou conduta, é preciso – especialmente a partir de certa idade – convencer o jovem da importância de aprender a agir da forma que propomos. Trata-se de uma questão de ideias, e não se podem impor ideias. Convém que os pais conversem entre si sobre como conduzir a educação dos filhos por esse caminho.

Para agir...

Situação

Natália tem quatorze anos e é muito tímida. Os pais não sabem bem o motivo, mas desde pequena ela é assim. Julgam ter falhado nesse aspecto da educação da garota. Na verdade, sentem-se até culpados pois passaram a proteger a filha ainda mais ao constatar a sua timidez.

Os dois já tentaram abordar o problema diversas vezes nos últimos anos. Empregaram diversos métodos que lhes pareciam úteis, mas nenhum deu muito resultado. Primeiro, estimularam Natália a demonstrar naturalidade diante de pessoas de fora e falar um pouco em público, mas só conseguiram fazer com que todos passassem por momentos embaraçosos. Depois, pensaram em falar diretamente com ela sobre a timidez, mas não extraíram uma palavra sequer sobre o assunto. Por último, sugeriram aulas de teatro na escola para fazer a filha soltar-se, mas ela recusou terminantemente.

Objetivo

Superar a timidez.

Meios

Fomentar a autoconfiança.

Motivação

Ganhar a sua confiança e reforçar os pontos fortes da filha.

História

Os pais de Natália mencionaram as suas preocupações a um casal de amigos que encontraram por acaso no casamento de um parente. Eram antigos conhecidos, muito abertos e claramente experientes no ramo da educação. A conversa foi muito animada, e ambos saíram dali com algumas ideias bem práticas. Em primeiro lugar, não transformar o assunto numa obsessão. Segundo, descobrir os pontos fortes da filha e fortalecê-los, mas sem tomar nenhuma atitude estranha; a timidez só pioraria caso Natália percebesse que era observada ou tratada como um "caso preocupante". Terceiro, ganhar a confiança da filha, pois – como a amiga lhes havia dito – "ela não fala pouco por não ter o que dizer, mas por não confiar o suficiente em quem vai ouvir".

"É verdade – comentava a mãe já em casa. – Agora vejo tudo com clareza. O fato de Natália falar pouco não quer dizer que tenha a cabeça vazia, mas que precisa de um grau de confiança maior do que os irmãos para expressar-se. A solução não está em protegê-la mais nem em fazê-la passar vergonha, mas em ganhar mais a confiança dela e fazer que se sinta mais segura".

Resultado

Os pais procuraram pôr em prática o planejado. Decidiram que era necessário escutar mais a filha, porém com naturalidade, aproveitando as ocasiões normais da vida cotidiana. Deram-se conta de que bastava dar um pouco mais de atenção ao que Natália costumava dizer, fazer perguntas simples sobre coisas que a filha sabia. Logo, descobriram uma série de temas por que Natália se interessava e viram que ela discorria sobre eles com uma fluência surpreendente. Descobriram, por exemplo, que Natália sabia muito de música e de literatura, e tiveram o bom senso de aprender mais sobre esses temas. As conversas com ela então passaram a ter uma duração antes considerada impensável.

Também perceberam que a personalidade de Natália parecia crescer quando lhe faziam perguntas acerca dos tópicos que dominava bem na frente das outras pessoas. Compreenderam uma coisa bastante elementar, porém muito importante e não sempre evidente: para superar a timidez, a melhor solução não é expor a pessoa ao ridículo na presença dos outros – como haviam feito algumas vezes –, mas tentar fazer o tímido sentir-se seguro na presença deles, pois é assim que ele acaba por soltar-se.

A melhor surpresa que os pais tiveram veio alguns meses depois. Natália disse-lhes que queria entrar para o novo grupo de teatro do colégio. A ideia foi iniciativa exclusivamente sua, e a garota esperava assim unir o útil ao agradável: explorar ainda mais o interesse pela literatura e começar a atuar e falar melhor em público. Antes, quando a ideia era dos pais, Natália surtava só de pensar na possibilidade; agora, o teatro fazia todo o sentido.

Segunda parte

CARÁTER E VALORES

A liberdade está em sermos donos das nossas próprias vidas.

Platão

CAPÍTULO IV
Caráter e naturalidade

*Qualquer tolo pode escrever com uma linguagem erudita.
Verdadeiramente difícil é usar a linguagem corrente.*

C. S. Lewis

"O que vão dizer": manter as aparências

Vocês já devem conhecer o conto do lavrador que, esparramado em cima do burro, voltava da roça com o filho, que vinha caminhando atrás.

O primeiro vizinho que encontraram lamentou a conduta do trabalhador: "Mas que folga! E o filho que se lixe!"

O velho então desceu e pôs o filho no lombo do burro. Uns cem passos adiante, toparam com uma mulher que lhes dizia: "Como assim? Você deixa o seu pai voltar a pé? Devia ter vergonha!"

Dessa vez, foi o rapaz a descer envergonhado. Os dois retomaram o caminho, conversando tranquilamente atrás do jumento, quando um galhofeiro apareceu e lançou a indireta: "Cuidado, compadre! Se forem mais devagar, o asno vai embora sem vocês!"

Não sabendo mais o que fazer, montaram ambos no animal. O burro já ia bem cansado no último trecho, quando alguém lhes gritou novamente: "Insensíveis! Será que não veem que o bicho está pondo os bofes para fora?"

– *Só faltou levarem o burro nas costas...*

A moral da história é bem clara. É impossível viver tendo em conta tudo o que os outros dizem ou pensam de nós. Ficaríamos verdadeiramente loucos, como quase aconteceu com esse pobre lavrador que demorou demais para entender que era impossível agradar a todos que encontrava pelo caminho.

Muita gente padece de um terrível e opressor "medo do que as pessoas vão dizer". Esse medo pode manifestar-se como uma espécie de horror a passar vergonha, uma obsessão de ser como todo mundo ou uma preocupação excessiva com a própria imagem.

– *Bom, mas ninguém precisa ser excêntrico, diferente de todo mundo, não é?*

Claro que não. É preciso buscar um equilíbrio sensato para seguirmos razoavelmente as modas sem sermos escravos delas. Principalmente no que diz respeito às modas mentais.

– *"Modas mentais"?*

Trata-se dessa espécie de papinha mental que faz tanto sucesso entre aqueles que são capazes de sacrificar a própria liberdade de pensamento para conseguir estar sempre iguais aos outros e nunca chamar a atenção.

De fato, há pessoas que se acham livres e autênticas, que vivem a dizer que ninguém os influencia, mas que obedecem submissamente aos costumes e chavões que a moda declara intocáveis. São enganados pelo brilho de frases ou ideias em voga, mas jamais as consideram seriamente.

Para esses indivíduos – comentava o pensador francês Gustave Thibon –, "a verdade é o que se diz; a beleza, o que se veste; e o bem, o que se faz".

Essas pessoas não querem saber se têm ou não razão. Contudo, ficariam horrorizadas se descobrissem que pensam coisas "fora de moda", que não se pensam mais hoje em dia. Preocupam-se muito em ter estilo. A única coisa que sabem fazer é escolher, dentre as diversas opiniões que circulam pelo mundo afora, aquela que mais lhes agrada. Passam a vida sem desenvolver um só pensamento que possam chamar de seu.

– É engraçado ver as pessoas que fazem verdadeiros malabarismos para ficar sempre "em cima do muro", sobretudo para que ninguém os tache de "antiquados".

Um estranho complexo de inferioridade faz com que alguns indivíduos prefiram negar todos os seus princípios morais para que ninguém possa acusá-los de "conservadores". Não se importam com as bases do seu pensamento; o que vale é a última novidade que ouviram ou leram.

Há também aqueles que se submetem a tremendos sacrifícios para ter mais poder aos olhos dos outros, ou para ganhar mais dinheiro e, assim, poder ostentar o seu luxo ou a sua originalidade.

Em ambos os casos, as pessoas levam uma vida de aparências que as impede de construir uma vida de verdade. Além disso, é muito difícil manter um relacionamento familiar ou uma amizade com quem que se preocupa demais com as aparências; a falta de naturalidade acaba sendo mútua: a pessoa apresenta-se diferente do que é, e os outros pagam com a mesma moeda.

– *Mas também devemos compreender aqueles que preferem não chamar muito a atenção e adaptar-se ao ambiente...*

Com efeito, é preciso compreender e saber adaptar-se à realidade ao redor, porém sabendo que em certos pontos não se deve ceder. Digo isso porque, às vezes, a coerência obriga-nos a fazer as pessoas que nos rodeiam sofrer um pouco. É normal que a decisão de uma pessoa desagrade a outra, mas isso nem sempre significa que a decisão seja má ou inoportuna. Tchekhov dizia que "quem coloca a tranquilidade dos amigos acima de tudo deve renunciar por completo a uma vida pautada pelo pensamento".

Os ventos dominantes

Há uma comparação clássica que tem a ver com o medo "do que os outros vão dizer": a torre e o cata-vento. Quando falo torre, penso nessas torres medievais que desafiam o passar dos séculos, que continuam firmes enquanto tudo se move.

A solidez da torre vem a ser o símbolo do caráter resoluto, da pessoa que sabe cumprir o seu dever. O cata-vento, por outro lado, encontra-se no topo da edificação; é vistoso e move-se de um lado para o outro sem direção fixa. Tem a sua utilidade, que é mostrar para onde aponta o vento dominante. Acontece o mesmo com as pessoas sem caráter: servem para nos mostrar qual é a moda do ambiente em que vivem, mas não são úteis para nada além disso.

O dono de um caráter "cata-vento" carrega dentro de si muitas vozes conflitantes, mas quase sempre a vencedora é uma destas:

- "É por ali que todo mundo vai";

- "É assim que todo mundo faz";

- "Ninguém pensa desse jeito; por que ser a única exceção?"

– Com certeza, a supervalorização da opinião alheia constitui uma forma de escravidão, mas os nossos próprios princípios e a consciência também podem ser considerados amarras...

Essa é uma visão um pouco negativa da coisa, mas não há dúvida de precisamos escolher entre dois caminhos – ou "amarras" – na hora de pensar e agir. Um deles, porém, é muito mais nobre do que o outro. Dizer que alguém é senhor da própria vontade e que segue a sua consciência é um dos maiores elogios que se podem fazer.

"Não temas a ninguém, mas somente a tua própria consciência", dizia Tihamer Toth. Quem precisa espiar o que os outros fazem ou pensam sobre si para decidir qualquer coisa é uma pessoa que não busca conselho do seu próprio entendimento e é servilmente dominada pelo público do momento.

Muitos adolescentes, por exemplo, reconhecem que começaram a beber demais – ou a tomar pílulas que não são necessariamente para a tosse e fumar algo além do simples tabaco – sem que isso lhes traga nenhuma satisfação especial. O motivo mais frequente para que façam essas coisas costuma ser algo como: "E o que você quer que eu faça? É o que todo mundo está fazendo...". No caso, "todo mundo" quer dizer "todo o mundo com quem me relaciono".

– Ok, mas ter caráter também não é fazer exatamente o oposto do que todos fazem...

Claro. Tal atitude seria quase pior. Ter caráter implica possuir uma personalidade própria e atrever-se a manifestá-la, mesmo quando a maior parte das pessoas pensa de maneira diferente.

– *Mas o ambiente pesa muito. Se um jovem às vezes sente vergonha até de dizer que estuda muito para uma prova ou que ajuda com as tarefas de casa, imagine só se tiver de declarar que procura viver certas convicções que não estão mais "na moda".*

Sem dúvida é difícil; mas é em tais batalhas que testamos o nosso caráter e mostramos a nossa personalidade.

Além disso, jovens assim precisam compreender que têm medo de um ridículo apenas hipotético, já que se manifestar com naturalidade sempre foi o grande segredo da boa imagem e da amizade. O que mais se procura num amigo são precisamente as virtudes que andam de mãos dadas com a verdade: sinceridade, lealdade, naturalidade, franqueza e autenticidade.

O cadafalso da mentira

Vale a pena dedicar tempo para refletir sobre as causas das mentiras dos filhos e as maneiras de ajudá-los a superar essa falha. No geral, eles mentem por algum dos seguintes motivos:

- *Por medo do castigo*, por ficar apavorado ao imaginar o que acontecerá quando descobrirem a verdade. Nesse caso, cabe aos pais reverem os seus "métodos de persuasão", que provavelmente devem ser bem pouco eficazes.

- *Por covardia.* Se os filhos são inseguros, a tendência é que se esquivem de toda e qualquer responsabilidade. Os pais precisam ensiná-los – também e sempre com o seu exemplo – a encarar a responsabilidade dos seus atos, mesmo em assuntos de menor importância.

- *Por soberba.* O filho às vezes mente por nunca querer reconhecer os próprios erros, por não ser capaz de dizer "fui eu" (coisa que muitas vezes aprenderam observando os pais...). Para isso, os pais precisam ajudar os filhos a ver que não ganham nada com desculpas e justificativas para tudo. Claro, é preciso ter jeito: a agressividade – o famoso "jogar na cara" – é contraproducente.

- *Por vaidade.* É o caso do jovem que realiza mil façanhas incríveis, que conta aos colegas aventuras assombrosas e ousadas... inteiramente fantasiadas. Uma possível solução é mostrar como é feio esse desejo de colocar-se sempre no centro das atenções: explique como essa obsessão de se exibir para os outros já levou muitos para a rua da amargura, pois cedo ou tarde a pessoa se dá conta de que era admirada por motivos falsos.

- *Para encobrir mentiras anteriores.* Como você sabe, a vergonha de confessar o primeiro erro faz com que se cometam muitos outros. Uma mentira sempre precisa ser sustentada por outras para conseguir ficar em pé; por isso é tão importante incentivar a sinceridade das crianças, não fazer um drama daquilo que não é nada nem se irritar demais quando uma mentira é descoberta.

– *Vamos ter de ser muito rigorosos para acabar com as mentiras, não?*

Se o seu filho tiver o mau hábito de mentir e você for excessivamente rigoroso, ele passará a maquiar cada mentira com outras novas, e a situação piorará. Por exemplo, o medo que ele tem da sua reação ao seu desempenho escolar o levará a esconder o boletim sempre que puder com mil desculpas, a mentir sobre as datas das provas e a não dizer a verdade sobre o que faz, com quem anda ou aonde vai.

Os pais precisam observar o comportamento do filho com muito cuidado antes de julgarem e tentarem remediar a situação. Um traço típico do mentiroso é acompanhar toda e qualquer declaração com juras e promessas. É um mau sinal: quem recorre a esse expediente com frequência costuma faltar com a verdade.

Outros pontos que merecem atenção: analise se o seu filho mente para levar vantagem; se tem o hábito de enganar os outros; se faz cortesia com o chapéu alheio, se gosta de exagerar nos relatos das suas aventuras, se calunia os outros por inveja ou ciúmes...

Fundamental é que os pais façam sempre o máximo para inculcar nos filhos uma autêntica repugnância à mentira, à duplicidade, à astúcia e à falsidade.

– *Fundamental também é o bom exemplo, certo?*

É muito doloroso escutar de um adolescente frases como "meu pai é um hipócrita", "me enganaram", e outras semelhantes. E como são comuns! O pior é que frequentemente são ditas com razão. Por isso, veja bem se você dá aos seus filhos um exemplo de fidelidade plena à verdade.

A verdade nunca falha. Com ela, você conseguirá economizar muitos cálculos e equilíbrios absurdos. Não apele para a astúcia ou a mentira para conseguir a obediência, evitar algum incômodo ou não passar vergonha. Além de imoral, a mentira é sempre traiçoeira.

Não avançaremos um só passo na educação se a criança perceber duplicidade, falsidade ou fingimento nas nossas palavras e ações. Devemos ensiná-las a:

- saborear a alegria de saberem corrigir-se, de melhorarem os seus critérios, de dizerem quando necessário:

"Você tem razão; eu não tinha percebido", ou "Desculpe, me enganei";

- saber aceitar e admitir os próprios erros e pedir perdão;
- compreender que pagam um preço muito alto quando conseguem algo por meio da mentira.
- perceber que usar a mentira para escapar de uma situação ruim conduz a uma situação ainda pior;
- ver que a admiração e a honra recebidas em troca de mentiras são perdidas perante o tribunal da própria consciência.

Excesso de sinceridade?

"Mãe, você não entende. Os jovens dizem o que pensam, sem hipocrisia".

Era assim que certa adolescente defendia a pouca educação e diplomacia de uma amiga que havia convidado para passar uns dias com a sua família durante as férias.

– *Mas há pouco dizíamos que é bom dizer as coisas claramente.*

Com certeza. Só que também devemos encontrar um equilíbrio sensato entre a hipocrisia e o que podemos chamar – sem muita propriedade – de "excesso de sinceridade". Porque é possível ser cortês sem adulação, sincero sem grosseria e fiel aos próprios princípios sem ofender os outros.

Revelar uma verdade inconveniente no momento errado ou a quem não tem direito de saber não é mostra de sinceridade, mas falta de sensatez.

Convém somar a sensatez à sinceridade. Assim, evitaremos – como escreveu H. Cavanna – a "idiotice sincera, que não deixa de ser idiota por mais que seja sincera".

Pôr para fora a primeira coisa que nos vem à cabeça ou deixar escapar os impulsos e sentimentos mais primários não pode ser considerado um ato virtuoso de sinceridade. A sinceridade não é mera verborragia.

> É preciso dizer o que se pensa, mas também pensar no que se diz.

Quem encontra um amigo que acaba de perder o pai e lhe diz que não sente falta nenhuma do falecido, que o achava antipático e insuportável, não é sincero, mas um verdadeiro animal.

Por trás desses tipos de falsa sinceridade escondem-se com frequência a arrogância, a grosseria ou a vontade de provocar e ferir os outros. Pessoas que agem assim são geralmente tristes seres humanos que se deixam levar pelos impulsos mais primários e estão longe de alcançar um grau mínimo de maturidade de caráter.

A exaltação da espontaneidade produz frutos ambíguos. Se, por um lado, fortalece a personalidade, por outro pode dar margem a uma espécie de *espontaneidade aleatória*, que leva as pessoas a fazer qualquer coisa que lhes dê na telha a cada momento. E a simples sucessão aleatória de pensamentos, porém, não parece ser o melhor caminho para a formação do caráter.

Conhece-te a ti mesmo

Tales de Mileto, considerado o primeiro filósofo da Grécia Antiga, escreveu há 2.600 anos que "a coisa mais difícil do mundo é conhecermo-nos a nós mesmos, e a mais fácil é falar dos outros". E o templo de Delfos ostentava a famosa inscrição *gnosei seauton* – "conhece-te a ti mesmo" –, que evoca uma ideia parecida.

Conhecer-se a fundo constitui um primeiro e importante passo para tornamo-nos artífices da própria existência. Convém perguntar-se com frequência (e objetividade): "Que tipo de caráter eu tenho?" Porque é surpreendente como sempre nos saímos bem nos juízos que fazemos sobre nós mesmos. Quase sempre somos inocentados pelo tribunal do nosso próprio coração, aplicando a lei dos nossos pontos de vista e deixando as exigências para os outros. Mesmo para os erros mais evidentes, encontramos facilmente uma multidão de atenuantes, desculpas e justificativas.

– Se somos tão cegos aos nossos próprios defeitos, como melhorar?

Melhoraremos se buscarmos conhecer a nós mesmos e ouvir de bom grado as críticas construtivas que recebemos eventualmente. Só assim descobriremos se somos capazes de dizer as coisas a nós mesmos e admitir a verdade sobre a nossa vida.

> Procure conhecer quais são os seus defeitos dominantes.

Procure sujeitar a paixão desordenada que mais se sobressai na sua personalidade, pois assim será mais fácil vencer as outras.

Para alguns, o vício capital é a busca permanente por comodidade: fogem do trabalho como o diabo foge da cruz. Já outros são "estourados" ou teimosos; para outros ainda, o principal problema talvez seja a superficialidade ou frivolidade dos seus projetos. Reflita. Cada um dos seus defeitos é um foco de deterioração do seu caráter. Se você não os vencer a tempo, se sequer tentar vencê-los, corre o risco de fracassar no jogo da vida.

Talvez o que torne mais delicada e difícil a formação do caráter seja precisamente o fato de tratar-se de uma tarefa que requer anos, dezenas de anos. Tihamer Toth comparava esse trabalho com a formação de um cristal a partir de uma solução saturada que vai condensando. As moléculas vão pondo-se em ordem lentamente, conforme um apanhado de leis misteriosas, num processo que pode durar horas, meses ou anos. Os cristais tornam-se cada vez maiores e passam a constituir formas geométricas perfeitas, segundo a natureza de cada um... desde que, é óbvio, nenhum agente externo venha atrapalhar esse processo lento e delicado. Um estorvo basta para fazer com que a solução se torne um mero punhado de pedrinhas sem graça.

Pode ser esse o erro de muitos jovens, ou talvez dos seus pais: achar que as interferências no meio do caminho da delicada cristalização do seu espírito não têm importância. E quando percebem que o seu caráter se solidificou em algo distorcido e desagradável, já não há como remediá-lo.

– *Então você acredita que não há remédio para certas questões de caráter?*

Sempre há tempo para retificar qualquer situação. Nenhuma delas, por pior que seja, acaba num beco sem saída. Mas não podemos ignorar que alguns erros deixam rastro e supõem um desvio muito grande do caminho, que devemos retomar a duras penas.

Pense nos seus maus hábitos, nessa teimosia que era tão bonitinha na sua infância e que agora se mostra espinhosa e insuportável. Pense em como você domina o seu gênio e suporta as contrariedades. Acaso você não é um espinheiro? Os espinhos surgem em todas as almas, e devemos saber podá-los enquanto ainda estão tenros. Esse zelo e essa luta contínua são frutos da educação.

Procure ver as qualidades dos outros: elas sempre existem. E quando vir defeitos – ou algo que você considere um defeito –, pergunte-se se você também não os tem. Porque às vezes vemos:

- um resmungão que se queixa de ver os outros resmungarem;
- um falador incessante que reclama porque outra pessoa fala demais;
- um "fominha" no futebol que se queixa por não lhe passarem a bola;
- ou ainda o clássico personagem irascível que rasga as vestes por causa do mau gênio dos outros.

Por quê? Talvez porque – em virtude de alguma tendência misteriosa – projetamos os nossos próprios defeitos nos outros.

O autoconhecimento é também muito útil para aprendermos a tratar bem as outras pessoas. Há, por exemplo, pais impacientes que frequentemente dizem coisas como "Já disse isso a esta criatura pelo menos umas quarenta vezes e não há jeito de mudar". Aqui caberia perguntar-se: tudo bem, mas e você? Será que também já não propôs muitas coisas a si mesmo umas quarenta vezes e ainda não as realizou?

– Quer dizer que não podemos exigir nada de nossos filhos porque somos piores do que eles?

Não, de forma alguma. Mas a consciência dos próprios defeitos torna a missão de educar uma tarefa solidária. Celebramos o triunfo do outro e sabemos perdoar e minimizar a derrota, porque acreditamos que logo chegarão os tempos de vitória. Por isso, não é ruim termos em mente os nossos defeitos e erros na hora de corrigir. Assim, saberemos equilibrar bem a exigência e a compreensão.

Conhece aqueles com quem andas. O caso de Jaime

É preciso ser um pouco seletivo com os amigos. Vemos como realmente são pela forma como passam o tempo – dizia com convicção Jaime, um estudante muito esperto de dezessete anos.

Às vezes, você encontra colegas com quem se diverte, diz bobeiras, ri. Você acaba até aprendendo a conversar e a fazer piadas, mas não consegue estabelecer uma amizade séria. Há, sim, muito *coleguismo*. E você aprende a pensar rápido: o menor descuido já é uma chance para alguém fazer graça com você.

Como são preguiçosos, você acaba se tornando preguiçoso também. Não há vontade de estudar que resista aos convites incessantes para sair.

Aos catorze anos, tive uns amigos que fumavam baseado no intervalo das aulas e me ofereciam. Não sei bem como consegui me livrar deles. Muitas pessoas acham que só os mal-encarados e marginais fumam esse tipo de coisa. Não é verdade; a maioria é "gente de bem". Já experimentaram de tudo e querem sempre mais. Cheiram coca, fumam maconha, usam tudo o que você possa imaginar. E isso em regiões bem movimentadas, de classe alta, e não apenas na periferia.

Geralmente, esse tipo de conhecido tem algum problema na família. Ou então o problema é ele mesmo, que é um imbecil. Os piores são aqueles que têm muito dinheiro. "Venha, vamos experimentar" – e não conseguem largar mais.

O mais triste é que está muito na moda. Um contagiava o outro. Se você anda com essa gente, acaba caindo, porque não dá para conviver com eles sem se viciar. Quem não fuma, não tem nada para fazer ali e é logo excluído do grupo. Se você não tem amigos, para onde vai? A gente ouve por aí que todos os lugares são perigosos, mas ninguém propõe coisa melhor. Como ocupar o tempo livre desse jeito?

Tive a sorte de encontrar outros amigos, gente que praticava muito esporte. Eu frequentava a casa deles, e eles a minha. Apaixonei-me pela bicicleta e pela leitura. Se combinamos uma partida de futebol no domingo às dez da manhã ou uma pedalada, garanto ninguém vai passar a noite anterior na farra.

É preciso ter amigos com boas ideias. Acontece que não há muitos amigos desse tipo disponíveis.

Ao ouvir o relato de Jaime, veio-me à cabeça aquele velho ditado: *dize-me com quem andas e eu te direi quem és.* Sem que ninguém lhe explicasse nada explicitamente, ele havia chegado sozinho a compreender a importância de selecionar as amizades.

– *Mas isso de selecionar as amizades não parece pouco natural? Soa a elitismo.*

Não se trata de elitismo. Ou melhor, poderíamos dizer que toda pessoa sensata é elitista, se por "elitismo" entendemos "saber cercar-se de amigos que não causem danos, mas sim promovam o bem mútuo". E isso não apenas no que diz respeito à amizade, mas também, por exemplo, na hora de escolher acertadamente um marido ou uma mulher.

Não se trata de elitismo, mas de pura e simples sensatez. Pense por um instante com quem você anda, quem admira, quem inveja ou com quem você deseja comparar-se. Considere se são esses os modelos de pessoa que você realmente quer na sua vida, ou se deve escolher um pouco melhor as suas amizades.

CAPÍTULO V
Pessoas de critério

Aprender sem pensar é inútil. Pensar sem aprender, perigoso.

Confúcio

Fortalecer a vontade

Já falamos no começo sobre a importância da força de vontade para a formação do caráter.

– Não precisa convencer ninguém disso. A questão é: o que fazer se nascemos com menos força de vontade do que o necessário?

A vontade cresce com o exercício contínuo em pontos concretos. E isso só se consegue na luta que – queiramos ou não – empreendemos dia após dia.

A consolidação da vontade admite uma comparação simples com o fortalecimento físico: uns são naturalmente mais fortes do que outros, mas a educação e o treino pesam mais.

Não se consegue desenvolver uma vontade firme da noite para o dia. É preciso seguir um programa de exercícios para fortalecer os músculos da vontade, realizando exercícios repetidos e fazendo um esforço considerável.

– *Um programa?*

Sim, e insisto: se o programa não envolver esforço, será inútil. Temos de pensar mais ou menos assim: "Vou fazer tal coisa porque é o meu dever; aquela outra, ainda que não goste, para agradar um colega de trabalho. Em casa, cederei neste ou naquele capricho em favor da minha família. Vou evitar tal hábito ruim que não gostaria de ver nos outros. Também preciso vencer a preguiça e encontrar tempo para aumentar a minha formação profissional e cultural e dedicar-me à minha prática religiosa".

Uma vez decidido qual será o nosso programa de treinamento, não podemos abandoná-lo à primeira dificuldade que surgir, pensando que não tem importância.

> Esforce-se a cada dia por superar-se, ainda que seja nas pequenas coisas.

Vale a pena ter em mente aquele ditado espanhol: *Por um prego perdeu-se uma ferradura; por uma ferradura, um cavalo; por um cavalo, um cavaleiro; por um cavaleiro, uma batalha; por uma batalha, um exército; por um exército, um império...*

Devemos exercitar-nos com constância e tenacidade, com os olhos fixos no objetivo que nos leva a seguir esse programa. Afinal, o que se pode esperar de uma pessoa incapaz de levantar-se no horário a cada manhã, ou estudar as poucas horas que se havia proposto? Que fortaleza uma pessoa assim terá quando tiver de tomar decisões difíceis?

> Os pais devem elogiar mais o esforço dos filhos do que os seus dotes intelectuais. A primeira atitude serve de estímulo, enquanto a segunda gera vaidade.

Além disso, muitas vezes as grandes cabeças – essas que não tiveram de se esforçar muito para superar com folga os primeiros estudos – acabam fracassando mais para a frente porque não aprenderam a esforçar-se. Talvez aquele outro sujeito – menos brilhante, que levava tantas broncas e era objeto de odiosas comparações com o irmão, ou primo, ou vizinho inteligente – acabe levando maior vantagem diante das dificuldades habituais da vida graças à sua vontade de superação.

Critério próprio. Algumas decepções

Quem trabalha com educação às vezes leva tremendos baldes de água fria. São decepções que nos fazem pensar.

Você conhece rapazes ou moças entre treze e dezesseis anos verdadeiramente fantásticos: são boas pessoas, alunos brilhantes, com futuro promissor. Contudo, os anos passam, você os reencontra e constata que fracassaram na vida.

Também acontece o contrário: pupilos um tanto "apagados" que se tornaram pessoas ótimas. É surpreendente ver como o passar do tempo às vezes produz uma inversão de papéis.

– E isso não vai um pouco contra aquilo que você dizia sobre a importância da educação na infância e no início da adolescência?

Já dissemos que a educação não é tudo, que não se trata de um seguro a prova de falhas, porque, afinal, leva em conta a liberdade de escolha de cada um. A boa educação consiste apenas em saber encaminhar bem os filhos (o que não é pouca coisa).

Assim, devemos reconhecer que há jovens que seguem a linha dos seus primeiros anos (a maioria) e outros que perdem o rumo. Se analisássemos os motivos de fracasso de jovens que prometiam tanto, encontraríamos provavelmente uma deficiência na sua educação para a liberdade.

Não se trata de formar jovens submissos e dóceis, dependentes dos pais em tudo e sem juízo próprio. É preciso formar *pessoas de critério*.

Para fomentar a sensatez e o bom critério de um adolescente, é necessário ensiná-lo a raciocinar de maneira apropriada e, assim, ajudá-lo a crescer nas diversas virtudes básicas (sinceridade, fortaleza, generosidade, laboriosidade, coragem, humildade, etc.).

– *Por que você relaciona tanto a virtude com a sensatez?*

Porque é fácil a razão se extraviar quando não há virtude.

– *Por quê?*

Sem virtudes, a razão não tem como defender-se do apelo dos vícios, e é então mais provável que se deturpe a fim de ceder a eles. Talvez por isso Aristóteles insistisse tanto no fato de que o homem virtuoso deve ser a regra e a medida de todas as coisas humanas.

Observar, ler, pensar

Alexander Fleming (1881-1955) era um bacteriologista escocês que dispunha de um laboratório bastante modesto, quase tão simples quanto os mercadinhos de bugigangas de Praed Street, rua que avistava da sua janela.

No dia 3 de setembro de 1928, ao voltar de um mês de férias com a família, fez uma descoberta surpreendente. Ele havia empilhado todas as suas culturas de bactérias num canto do laboratório e, enquanto conversava com o seu assistente, prestes a retomar o trabalho, reparou que uma das culturas havia sido contaminada por um fungo cinzento e que as colônias bacterianas imediatamente ao redor do mofo tinham sido destruídas. "Que esquisito", disse ele antes de colher uma amostra do fungo e examiná-la sob o microscópio: tratava-se de um fungo do gênero *Penicilium*.

Foi assim que Alexander Fleming descobriu o que se tornaria o primeiro antibiótico – a *penicilina* – e abriu possibilidades inimagináveis para a medicina moderna. Ele ainda levaria quinze anos, até 1943, para conseguir isolar esse fungo e desenvolver um sistema de produção em massa. Os resultados foram quase incríveis. Jamais se conhecera um medicamento tão poderoso. Ao final da Segunda Guerra Mundial, mais de sete milhões de doentes eram tratados por ano com penicilina. E tudo começara com uma descoberta casual, porque *alguém observara algo que o levou a pensar*.

Muitas outras descobertas aconteceram de forma parecida. O físico alemão Wilhelm Röntgen (1845-1923), por exemplo, descobriu os raios-X após notar tênues gravações nas chapas fotográficas que utilizava nas suas experiências com tubos de vácuo. Como sabemos, a sua descoberta tem inúmeras aplicações.

– Por que você acha que, diante de acontecimentos semelhantes, algumas pessoas fazem grandes descobertas, ao passo que outras não percebem nada?

Porque – suponho – algumas pessoas são mais observadoras e mais reflexivas que outras.

– *E você acha que ser distraído ou avoado seja um defeito?*

Não sei se chega a ser defeito, mas desde já podemos dizer que não é uma virtude nem enriquece diretamente o caráter.

Para já, é preciso ter presente que alguns jovens são avoados ou distraídos simplesmente porque foram acostumados a ter tudo entregue de bandeja. A complacência dos pais fez com que jamais precisassem assumir algum compromisso ou responsabilidade. E, logicamente, acomodaram-se.

É importante incentivar os filhos a desenvolver certa serenidade e capacidade de reflexão. Somos constantemente interpelados pela vida, e a precipitação e a ansiedade às vezes impedem-nos de pensar na resposta adequada para cada situação.

É fácil sermos engolidos por um certo ativismo diante das diversas circunstâncias apresentadas pela sociedade atual. E o pior é que esse estado de pressa contínua diminui muito a nossa capacidade de reflexão. É como se tivéssemos tempo para fixar a atenção naquilo que realmente importa.

Vale a pena parar por uns momentos e buscar a calma necessária para refletir sobre as nossas leituras e ideias afim de enriquecer a nossa vida e transmitir essa riqueza aos outros.

> Saber pensar não é coisa só para filósofos. É para todos.

É necessário ter um pouco de calma e serenidade para conseguir analisar os problemas que surgem e ponderar prudentemente as vantagens e desvantagens das possíveis soluções.

Além disso, a pressa e a correria não costumam trazer

consigo a eficácia. Quem se submerge numa atividade extraordinária, mas irrefletida, acaba por fazer muita coisa inútil ou desnecessária. A ânsia de agir impede essa pessoa de decidir com calma.

Quantas vezes uma ideia considerada com calma, uma leitura, um comentário, uma conversa tocam o fundo da alma de uma pessoa e fazem brotar uma claridade e uma energia inteiramente novas! É como se removessem um pequeno obstáculo que a impedia de respirar livremente.

Como observa o filósofo espanhol Jesús Ballesteros, pensar é o que existe de mais revolucionário hoje em dia. Na realidade, pensar é o ato com a maior capacidade transformadora; e o exercício do pensamento e a sua extensão – por meio do diálogo e da comunicação – podem ser o melhor modo de abrir possibilidades diferentes para a vida.

– De novo, as suas ideias parecem bastante sólidas, mas muito difíceis de enfiar na cabeça de um adolescente.

Existe uma coisa que poderá ajudar muito os pais na hora de conversar com os filhos: *formá-los pela boa leitura.*

Ler é para mente o que o exercício é para o corpo. Como nosso tempo é limitado, convém ter boa pontaria na hora de selecionar os livros. Só os melhores interessam.

– Mas ninguém quer ler nada muito "cabeça"...

Há excelentes livros para garotas e garotos na adolescência. É uma literatura que os atrai e, pouco a pouco, os leva a pensar. Em todo caso, também não é necessário começar por coisas muito elevadas.

Não faz mal que, no começo, os filhos leiam apenas romances simples ou livros de aventuras; o importante é acostumarem-se a ler. Não vamos conseguir nada enquanto não perderem o medo dos livros. Aliás, eles podem começar até por jornais e boas revistas de variedades, para depois irem passando aos poucos para biografias, narrativas históricas e clássicos da literatura. Frequentemente, os jovens ficam surpresos de ver que conseguem entender e apreciar tudo bem mais do que imaginavam.

Outro ótimo hábito é ler em família. Para isso, é preciso que os pais tenham em casa livros adequados e fomentem a leitura dos filhos, sugerindo títulos, lendo-os com eles, buscando fazer com que a TV não esteja sempre ligada, etc. Os fins de semana e as férias serão momentos decisivos, embora seja surpreendente o quanto é possível ler ao cabo de um ano se separarmos para isso uns meros quinze minutos por dia.

> Não diga que você vai ler quando tiver tempo.
> Assim, não lerá nunca.

É muito ruim conhecer gente incapaz de sustentar poucos minutos de conversa interessante sobre algo fora da sua área de especialidade porque jamais leu qualquer coisa com um pouco mais de conteúdo. São pessoas que mal sabem o que acontece no mundo – porque não leem jornais – e muito menos o que os outros pensam, pois pouquíssimas coisas despertam o seu interesse.

Francis Bacon dizia que "a leitura completa o homem; a conversa o torna ágil; a escrita o torna preciso". Quem não cultiva um pouco a si mesmo parece não saber desfrutar as satisfações que a inteligência pode proporcionar-lhe.

– *Com certeza, a leitura é um ótimo meio de formação, mas acho que não podemos exagerar. Existe o perigo de ler demais ou indiscriminadamente...*

É necessário ler mais e ler melhor. Sêneca dizia que não é preciso ter muitos livros, mas bons livros. Ao lado da capacidade de leitura, deve-se desenvolver a capacidade de discernir, porque os anúncios publicitários das editoras e das vitrines não são garantia de qualidade.

– O problema é que os pais nem sempre estão em condições de aconselhar os filhos, principalmente quando eles já estão maiores ou quando se trata de leituras mais específicas.

Nesses casos, o melhor que os pais podem fazer é pedir conselho a alguém com experiência no assunto que compartilhe os mesmos valores. E pessoas assim não são tão difíceis de encontrar.

A *personalidade e o ambiente. Modelos*

Um recente congresso internacional de filosofia debateu diversas questões relacionadas com as correntes de pensamento mais em voga atualmente. Uma das suas conclusões talvez pareça muito simples à primeira vista; era mais ou menos o seguinte:

> O indivíduo é mais fascinante que doutrinas e ideologias.

De fato, o normal é seguirmos pessoas, não ideias. O desejo natural de emulação – muitas vezes quase imperceptível – não está limitado às crianças, às famílias ou às escolas.

Sempre – e provavelmente ainda mais em tempos de controvérsia a respeito dos valores – surge com uma força inusitada a figura do homem concreto, do modelo individual. Mais do que ideias gerais, as pessoas buscam modelos humanos vivos, personalidades concretas que lhes sirvam de referência. Escrevem-se e vendem-se uma infinidade de biografias. Procuram-se vidas que, por sua categoria humana ou espiritual, sejam dignas de admirar ou imitar. As pessoas não querem saber de teorias; anseiam pela eloquência dos fatos.

– Seria interessante pensarmos quais são os modelos humanos com quem os nossos filhos têm a oportunidade de identificar-se.

Chesterton dizia que os professores são os primeiros adultos diferentes dos pais com quem as crianças têm contato contínuo e que, portanto, são eles que mais as ensinam a tornarem-se adultos.

– Parece um bom motivo para escolhermos bem a escola dos filhos.

Sem dúvida. Os professores de escola e, depois, os da faculdade têm um papel central na educação. O simples convívio possui um grande poder formativo ou "deformativo".

Em todo caso, talvez de alguns anos para cá, a influência de outros modelos tem aumentado bastante. Um esportista famoso, um cantor, o protagonista de uma série de TV podem criar nas crianças uma forte tendência a assumir certos aspectos de personalidade que considerem atrativos no caráter dessas pessoas.

– O pior é que, às vezes, esses modelos não são muito positivos...

Talvez esteja aí a origem da falta de direcionamento moral na vida de alguns jovens. É decisivo que alguém que esteja às portas da maioridade tenha diante dos olhos modelos atrativos e bem-sucedidos, de modo que possa desenvolver critérios válidos. Não se esqueça de que o ambiente faz muita diferença.

– *Isso deve ser verdade. Às vezes, parece que a palavra dos pais não faz a menor diferença. Não sei por quê, mas parece que a nossa opinião é a que menos vale para eles.*

Trata-se de uma atitude muito típica do adolescente, difícil de combater diretamente. Talvez seja melhor avançar de maneira indireta.

Com frequência, não basta conversar e tentar fazer os filhos pensar, porque a sua autossuficiência adolescente os impede de abrirem-se com os pais.

– *E o que fazer? Os meus filhos já são adolescentes e não sei bem se os eduquei do jeito certo...*

Da sua parte, faça tudo o que puder. Contudo, tenha presente a questão do ambiente e dos modelos e procure também que eles tenham contato com pessoas que lhes possam fazer bem.

Algumas sugestões que podem ajudar:

- Escolher bem o colégio e conversar com frequência com o preceptor ou tutor do jovem;

- Conhecer os amigos dos filhos para poder dar-lhes um bom conselho de vez em quando, com delicadeza e respeito à sua liberdade;

- Buscar, sempre que possível, assistir à televisão em família: um filme bem selecionado pode ser uma esplêndida ocasião para uma boa conversa em que conhecemos melhor o modo de pensar dos nossos filhos e o efeito que aquilo a que assistiram tem sobre eles;

- Usar a imaginação para colocar os jovens em contato com ideias e atitudes sensatas;

- Cuidar da formação moral dos filhos e, se você for uma pessoa de fé, não desprezar a importância de viver de modo coerente com a sua fé;

- Fazer o possível para que os filhos frequentem um ambiente favorável ao bom desenvolvimento da sua personalidade: por exemplo, um clube juvenil onde possam passar o tempo de forma sadia, fazer bons amigos num ambiente adequado e ainda receber uma ajuda na sua formação;

- Evitar essas colônias de férias ou de fins de semana em que é tão fácil ver-se rodeado de pessoas com visões erradas sobre o que é diversão (é surpreendente a proporção de alunos que voltam irreconhecíveis para a escola depois de um verão infeliz); etc.

Se o ambiente for ruim nas etapas-chaves para o desenvolvimento da criança, de nada adiantarão as conversas teóricas com os filhos. Dizia Confúcio que *não são as ervas daninhas que sufocam a boa semente, mas a negligência do agricultor.* A escola errada, as férias num ambiente de baixo nível moral, doses diárias e cavalares de televisão sem qualquer critério: tudo isso pode lançar por terra muitos esforços feitos em casa para manter limpas as mentes dos filhos.

Um velho conhecido: o palpiteiro

O *palpiteiro* é um personagem que costuma emitir opiniões a respeito de qualquer questão com uma desenvoltura admirável. Não que saiba muito sobre muitas coisas, mas fala de todas elas com uma propriedade notável. Nada escapa das análises perspicazes que faz desde o alto da sua torre de genialidade.

"Então não tenho o direito de opinar?", dirá o nosso personagem. E temos vontade de responder: "Sim, você tem liberdade. O que lhe falta é cabeça, porque a mera liberdade não garante o acerto da opinião".

Ser contado entre os críticos e contestadores é, para essas pessoas, o auge da objetividade.

— *Mas a crítica pode prestar grandes serviços à objetividade.*

Com certeza. Já falamos de como a crítica pode ser positiva quando atende a certas diretrizes. Mas, por trás de uma atitude de crítica teimosa e sistemática, frequentemente esconde-se uma pessoa ignorante e obtusa. Se há algo difícil nesta vida, é a arte de avaliar as coisas e fazer uma crítica acertada. Não se pode julgar às pressas, com base em indícios, rumores ou avaliações precipitadas das pessoas e dos problemas.

A crítica deve analisar o bom e o ruim, não somente sublinhar e ampliar o negativo. Um crítico não é um acusador nem alguém que se opõe sistematicamente a tudo. Para isso, não é preciso pensar muito: basta defender sempre o contrário do que se ouve, coisa que qualquer um pode fazer sem ser especialmente genial. Além disso, também é muito cômodo atacar a tudo e a todos, como fazem muitos, sem defender nenhuma posição própria, sem dar-se ao trabalho de oferecer uma alternativa razoável — nada de utopias — àquilo que censura ou ataca.

— *Tenho a impressão de que quem vive falando mal dos outros tem uma vida amargurada.*

Sim. É como se vivessem projetando a própria amargura nos outros, como se o seu desencanto interior emanasse ondas de tensão. Detestam o mundo que os cerca, mas, principalmente, detestam o que trazem dentro de si. E como são demasiado orgulhosos para reconhecer as próprias culpas, precisam buscar culpados.

– Acho que a agressividade vista em alguns meios de comunicação influencia demais o comportamento dos jovens e os leva a crer que o exagerado ceticismo crítico traz mais prestígio intelectual.

E você tem razão. Por isso, precisamos estar atentos ao contágio quase imperceptível dessa postura, que muitas vezes leva os adolescentes a alardear o seu desprezo a vários valores importantes da educação.

Comprometimento?

Para alguns pais e educadores, a grande regra da pedagogia parece ser: "Em caso de dúvida, aposte no «não» para evitar dores de cabeça". São pessoas com um medo terrível das complicações e que exigem garantias para tudo. Têm tanto receio de errar que preferem evitar qualquer risco e passam a viver como refugiados. Tornam-se um pouco solenes e secos; vivem com um método e uma higiene absolutos. Contudo, talvez não tenham uma vida de verdade.

Não se trata aqui de apostar na irreflexão, na frivolidade e nas aventuras inconsequentes. Porém, qualquer objetivo minimamente valioso estará sempre rodeado por uma dose de brumas que precisamos atravessar. Todo caminho na vida supõe algum risco que é preciso assumir. Do contrário, valeria mais a pena passarmos o resto da vida na cama.

Para que os filhos sejam pessoas decididas, é necessário que vejam essa atitude nos pais. Estes não podem ficar paralisados diante da dúvida, jogar a toalha à primeira dificuldade que encontrem ou mudar de objetivo tão logo deparem com um problema.

– *Mas há muita gente empreendedora e audaz com filhos assombrosamente apáticos.*

Acontece que não basta só dar o exemplo; é preciso algo mais. Talvez esses pais tenham protegido demais os seus filhos, impedindo-os de tomar as próprias decisões e abrir caminho por si mesmos.

"Não gosto de comprometer-me com nada nem com ninguém" é a frase que às vezes ouvimos de alguns jovens. E, quando algo não dá certo, dizem logo de cara "Deixa pra lá". E assim tudo parece transitório e feito na base do "ver no que vai dar".

No entanto, os compromissos são inevitáveis. A vida está repleta deles: compromissos familiares, profissionais, sociais, afetivos, jurídicos, etc. Viver é escolher e estabelecer laços. Quem pretende manter a liberdade de escolha intacta não é livre: é prisioneiro da sua indecisão.

Saint-Exupéry disse que o valor de uma pessoa pode ser medido *pelo número e qualidade dos seus vínculos*. Por isso, ainda que todo compromisso possa em um dado momento das nossas vidas ser custoso e difícil de manter, perder o medo do compromisso é a única forma de evitar que a indecisão acabe por comprometer-nos à força. Quem jamais sentiu a suprema liberdade de atar-se é incapaz de intuir a natureza profunda da liberdade.

Desconfiados e ressentidos

Muitas pessoas têm uma profunda convicção de que o mundo todo é composto de egoísmo e interesses mesquinhos. E, como pensam desse jeito, parece-lhes normal e óbvio que todos os seres humanos sejam também, como eles, uns egoístas recatados.

Levam, assim, uma vida empobrecida, sempre a espreitar

os outros pelo rabo de olho. Sua desconfiança beira a patologia.

Não é necessário comentar o quão perniciosa essa visão de mundo é para a educação do caráter dos filhos. A família deve conviver em um clima:

- de generosidade e confiança;
- de constante de ajuda;
- de não esperar recompensa pelos favores;
- de não pensar se alguém merece uma determinada ajuda.

Há pais e professores que incentivam habitualmente a atitude de desconfiança e cometem com isso um grave erro.

– Muito bem, mas também não devemos ir para o outro extremo e criar filhos totalmente ingênuos, facilmente enganados.

Aqui precisamos voltar mais uma vez à questão do equilíbrio. É verdade que esse perigo também existe, mas é consideravelmente menor do que o seu contrário. Além disso, é mais fácil de corrigir.

Relembremos algumas ideias para incentivar um clima de confiança na família:

- É melhor ser enganado alguma vez pelos filhos do que educá-los em um clima de desconfiança e controle totalitário;
- "Perdoo, mas não esqueço", dizem certas pessoas. Isso não é perdão, mas um substituto refinado do ressentimento;
- Cuidado com as listas de ressentimentos que algumas pessoas guardam zelosamente, tornando-se escravas de

velhos rancores. Em vez de se dedicarem à vida, aparentemente preferem recordar o mal que receberam e, assim, sofrer duas vezes;

- Dizem que *gato escaldado tem medo de água fria*. Para o desconfiado, tudo são manobras de aproveitadores que desejam levar vantagem. Porém, na maioria das vezes, tais "manobras" não passam de frutos da sua imaginação, e a sua angústia provém desse medo: não conseguiram descobrir a maravilha da confiança. São homens esquivos e solitários de espírito;

- Confiança nos outros é algo necessário para aprender a perdoar. E perdoar é ser generoso na concessão de oportunidades para alguém melhorar;

- Às vezes, a rigidez pode ter raízes na insegurança porque não procuramos educar na confiança. E a confiança é um poderoso fator educativo.

A desconfiança é própria dos ressentidos que, uma vez magoados, decidem nunca mais confiar em ninguém. Também é companheira dos solitários e desiludidos; dos idosos que acham que ninguém lhes dá valor; dos doentes que se sentem incompreendidos; dos jovens que veem os mais velhos como inimigos; dos tímidos que se fecham dentro do próprio coração por medo de abrirem-se aos outros.

CAPÍTULO VI
Fortaleza e generosidade

O maior espetáculo que existe é um homem esforçado que luta contra a adversidade; mas ainda há outro maior: ver outro homem correr em seu auxílio.

Oliver Goldsmith

Serenidade e autodomínio

Dizem – não sei se é verdade, mas o exemplo serve bem – que certas tribos africanas contam com um sistema verdadeiramente engenhoso de caçar macacos. Consiste em amarrar bem firme numa árvore uma bolsa de pele cheia de arroz, aparentemente o alimento favorito de determinados símios. Os caçadores em seguida abrem um furo bem pequeno na bolsa, de modo que a mão do macaco passe bem apertada.

O pobre animal sobe a árvore, enfia a mão na bolsa e a enche de arroz. A surpresa vem quando ele percebe que não consegue mais livrar a mão – agora abarrotada de comida.

É esse momento que os nativos aproveitam para pegá-lo. Curiosamente, o infeliz macaco grita, salta, contorce-se, mas não tem a ideia de abrir a mão e soltar o arroz para conseguir escapar.

Creio que, guardadas as devidas proporções, algo muito parecido acontece de vez em quando com os seres humanos. Às vezes, sentimo-nos presos por coisas que valem muito pouco, mas nem nos passa pela cabeça a possibilidade de largá-las para nos salvarmos. Talvez seja assim por não termos autodomínio e estarmos – como o macaquinho – cegos e incapazes de raciocinar.

Por outro lado, o homem sereno e capaz de dominar-se irradia uma influência tal que, sem esforço, dissipa todas as dúvidas das pessoas ao seu redor.

– *Mas esses traços de caráter são tão difíceis de adquirir...*

Com certeza, mas talvez a sua dificuldade seja proporcional à sua importância. Afinal, quem não deseja ser capaz de confiar à inteligência e à vontade o senhorio sobre todos os seus atos?

– *E como avançar nessa área?*

Vejamos alguns exemplos de como melhorar o nosso autodomínio:

- Para começar, não devemos fazer muitas *declarações* nem tomar muitas decisões em meio ao turbilhão da vaidade ofendida, da ira ou de outras paixões. Nessas ocasiões, a paixão acaba por corromper as nossas ações, ações estas que depois somos os primeiros a lamentar. Não sejamos pessoas que agem sob a influência das primeiras impressões e demonstram, assim, quão débil é a sua vontade.

- Precisamos aprender a privar-nos de algumas coisas. Diz-se, e com razão, que "somente possuímos de verdade aquilo de que somos capazes de abrir mão". Nas refeições, por exemplo, devemos comer o que nos faz bem e evitar os caprichos – quase sempre prejudiciais à saúde –, as comilanças e os assaltos à geladeira. É incrível ver como muitos homens e mulheres perdem o controle ao sentarem-se à mesa.

- Devemos aprender a dizer um "não" claro e firme quando necessário. Algumas pessoas confundem o autodomínio com a complacência de sofrer todo tipo de ataque com a mansidão de um cordeirinho. Não se trata disso. Muitas vezes, será preciso impor-se, porém sem perder a elegância e o comedimento, e sem nos esquecermos das boas maneiras.

O prêmio da generosidade e do egoísmo

Todo mundo colhe o que planta. Assim aconteceu com o insensato príncipe do conto a seguir.

Um rei desejava construir um grande palácio e confiou a tarefa a um dos filhos. Entregou-lhe o dinheiro necessário, e o rapaz, achando-se muito esperto, pensou: "Construirei o palácio com material de baixa qualidade e ficarei com o dinheiro que sobrar. Pouco me importa se tudo vier abaixo depois". E assim fez.

Terminadas as obras, apresentou-se diante do pai e deu-lhe a notícia: "O palácio está pronto. O senhor pode utilizá-lo quando quiser".

O rei então pegou as chaves e as devolveu ao filho com estas palavras: "Eu o entrego a você. É seu. Esta é a sua herança".

Quem age habitualmente com a mentalidade de sempre

levar vantagem costuma receber como recompensa o mesmo que esse príncipe.

> Cedo ou tarde, o egoísta recebe a sua paga e percebe que fez muito mal a si mesmo.

O egoísta um dia toma consciência de que arruinou o seu futuro enquanto pensava estar aproveitando o seu presente.

Há pessoas egoístas que vivem economizando esforço. Preservam-se tanto que chegam à morte sem jamais ter derramado uma gota de suor. Vão embora deste mundo sem deixar nada de positivo para trás, sem terem sido úteis a ninguém.

Aristóteles dizia que a generosidade é a mais valiosa dentre todas as virtudes. A pessoa egoísta está destinada a sofrer, a ser vítima habitual dos seus próprios golpes, do seu coração endurecido. Quem, por outro lado, não regateia tempo, sacrifícios nem afeto é muito mais feliz.

Ordem e preguiça ativa

Lee Iacocca, o lendário executivo norte-americano, explicava da seguinte forma a sua experiência de várias décadas à frente de grandes multinacionais:

> Não deixa de surpreender-me o enorme número de pessoas que, aparentemente, não são donas de suas agendas. Ao longo destes anos, muitos altos executivos vieram confessar-me com um orgulho mal dissimulado: "Veja só, ano passado tive um acúmulo tão grande de trabalho que nem pude tirar férias".

Ao escutá-los, sempre penso a mesma coisa. Isso não me parece motivo de orgulho. Tenho de me segurar para não responder: "Você é idiota, por acaso? Quer me fazer acreditar que você é capaz de assumir a responsabilidade de um projeto de oitenta milhões de dólares se não consegue separar duas semanas ao ano para passar com a sua família e descansar um pouco?"

Estabelecer um ritmo ordenado para a vida, ser dono do próprio tempo, ter clara a ordem de prioridades nos afazeres: essas são premissas básicas para a eficácia de qualquer trabalho.

– *Para educar também?*

Penso que sim, por dois motivos. Primeiro, porque educar exige tempo e, portanto, ordem para aproveitar melhor o limitado tempo que temos. Segundo, porque a ordem é uma virtude muito importante para o caráter dos nossos filhos.

Quando não há ordem na nossa mente, acabamos sempre por escolher o que mais nos agrada ou aquilo que parece urgentíssimo, embora não o seja de fato.

> Muitas vezes, a correria por falta de tempo é na verdade uma correria por falta de ordem.

É evidente que não podemos fazer tudo o que desejamos na vida; não há tempo. Assim, caímos necessariamente na questão de saber quais são as nossas prioridades, e não podemos decidi-las ao sabor dos nossos caprichos.

Algumas pessoas lançam-se à atividade num ritmo febril, vão e vêm de um lado para outro a toda velocidade, sobem, descem, falam ao telefone, fazem mil coisas ao mesmo tempo e não concluem nada. As suas múltiplas e pouco definidas ocupações os fazem passar por tudo com uma grande sensação de pressa. São executivos que não conseguem *executar* quase nada útil.

– *Talvez estejam um pouco desorientados, mas pelo menos são pessoas esforçadas...*

Bem, não chamemos de esforço algo que talvez seja apenas a sua caricatura. Porque "por acaso" essa desordem os leva a escolher quase sempre a tarefa menos cansativa. No fundo, são bastante preguiçosos.

A preguiça ordinária é uma simples apatia e negligência. Esta outra forma de preguiça, que não deixa de ser comum por ser ativa, é mais difícil de perceber.

> Há uma infinidade de homens preguiçosos que não param de trabalhar e ir de um lado para o outro. Fazem inúmeras coisas, mas nunca aquelas que deveriam fazer.

Trata-se da tentação corriqueira de fazer *o urgente antes do importante e o fácil antes do difícil.*

– *E como podemos aplicar essas ideias ao ambiente familiar?*

A *preguiça ativa* pode causar problemas para o seu filho estudante, que não consegue compreender que mais vale estudar três horas e descansar outras três, praticando um esporte ou saindo com os amigos, do que passar seis horas tentando fazer os dois ao mesmo tempo e, no fim das contas, deixar tudo pela metade e lamentar-se.

Outro exemplo de *preguiça ativa* são pais ou mães que

não param dentro de casa, quando deveriam na verdade estar com o cônjuge e os filhos. Por vezes, demoram-se no trabalho sem necessidade e abandonam outras obrigações que (novamente "por acaso") lhes seriam menos agradáveis naquele momento. Ou ainda, começam a fazer qualquer coisa que lhes dá na telha sem ponderar se aquilo é oportuno no momento.

– *Voltando ao assunto dos filhos, às vezes eles parecem esquecer-se das coisas, sobretudo das coisas que não fazem questão de lembrar-se... Ainda assim, acho esta geração mais distraída do que a anterior.*

A ordem é uma virtude muito dependente da rotina da família e da escola. Os pais e os professores devem exigir que os jovens cumpram as suas obrigações, que tenham uma ordem razoável. *Serva ordinem et ordo te servabit*, diziam os antigos: "Guarda a ordem e a ordem te guardará".

Um detalhe muito interessante da virtude da ordem, por exemplo, é a pontualidade: ensinar os filhos a dar valor ao tempo dos outros como também ao próprio, a preocuparem-se quando tiverem feito alguém perder tempo por causa dos seus esquecimentos e da sua falta de ordem.

Consumismo e temperamento humano

Você já deve ter ouvido a piada do mudo de nascença.

Passavam-se os anos e o garoto não falava. Os pais o levaram a vários médicos, porém sem resultado. Ninguém encontrara qualquer causa fisiológica para o mutismo absoluto do garoto.

Um belo dia, quando o rapaz já contava trinta e quatro

anos, a mãe serviu-lhe o café de manhã, e ele, com toda a naturalidade, dirigiu-se a ela, dizendo:

– Mãe, você esqueceu do açúcar.

– Mas, filho, como é que você passou trinta e quatro anos mudo se podia falar?

– É que até agora não tinha de que reclamar – respondeu.

É bom perguntar-se se os seus filhos não foram tão mimados como o da anedota, que por trinta e quatro anos não precisou fazer nada por si mesmo, nem mesmo falar. Pense bem se não levam uma vida fácil demais. Trata-se de um erro que se manifesta de diversas formas. Por exemplo:

- *Quando as crianças têm coisas demais.* Platão assegurava que o excesso de bens materiais provoca a decadência na alma, e Schopenhauer dizia que o excesso de bens é como a água salgada: quanto mais bebemos, mais sede temos. Filhos criados em uma atmosfera de sobriedade forjam-se a si mesmos na melhor fornalha que há para as virtudes. Existe uma lei da psicologia bastante simples: valoriza-se muito mais aquilo que se obtele com esforço. O que vem com facilidade costuma ser desprezado. Muitas crianças têm tudo, mas perderam a capacidade de aproveitar os bens por não terem feito nada para consegui-los.

- *Quando permitimos que entrem no jogo do consumismo.* Trata-se da atitude de consumir para não se sentir inferior aos outros, para não ficar "abaixo da média". É triste que existam tantas pessoas que se concentram tanto no *ter* e tão pouco no *ser*. Nas salas de aula, é perceptível o sofrimento de alguns adolescentes por não conseguir vestir o que está na moda, ou por não poder ter um material escolar ou esportivo melhor do que o dos colegas.

- *Quando não lhes ensinamos o valor do dinheiro e como administrá-lo.* Muitos jovens parecem ter as mãos furadas. Não sabem o que é ter dinheiro para comprar algo e não comprá-lo: tanto faz se se trata de um par de chuteiras, um punhado de doces ou uma noite num bar. Não sabem o que é economizar; o dinheiro não dura cinco minutos no bolso deles.

Se não mudarem antes de tornarem-se adultos, o dinheiro escapará das suas mãos sempre, porque não conhecem o seu valor. Como dizia Wilde, "sabem o preço de tudo, mas não conhecem o valor de nada".

É importante acostumar-se com a economia já nos anos da juventude. "Quando você trabalha para conseguir o dinheiro, pensa mais na hora de gastar" – disse-me alguém em certa ocasião. A economia educa o caráter e aumenta o sentimento de autonomia, enquanto o excesso de dinheiro induz à desatenção. O arrocho financeiro – sem cair em extremos – pode ser muito útil à formação de caráter.

– Mas o que podemos fazer para suprimir essas modas?

Não se pode fazer muito para suprimi-las. Porém, render-se a elas não faz nada bem para os filhos. O culpado pelo consumismo é quem o financia. "Meu pai sempre me passa sermão – dizia uma menina – mas, no fim das contas, compra tudo o que eu peço e me deixa sempre fazer o que eu quero".

Lembre-se: a virtude não vem pela repetição de sermões, mas pela repetição de atos que configuram um modo de ser. De nada serviria a uma turma de ginástica um professor que dedicasse todo o tempo da aula à realização de exibições perfeitas de movimentos enquanto os alunos ficassem olhando. Não adianta só explicar a teoria.

Constância e tenacidade. Querer de verdade

Demóstenes perdeu o pai quando tinha sete anos. Os seus tutores administraram desonestamente a sua herança, e o menino, apenas um adolescente, teve de entrar na justiça para reivindicar o patrimônio.

Num dos julgamentos a que teve de assistir, ficou impressionado com a eloquência do advogado defensor. Foi então que decidiu dedicar-se à oratória.

Sonhava em ser um grande orador, mas a tarefa não era fácil. Não possuía muitas aptidões, pois era disléxico, sentia-se incapaz de fazer qualquer coisa de modo improvisado, era gago e tinha a voz fraca. O seu primeiro discurso foi um fracasso completo: os risos do público forçaram-no a interromper a sua fala na metade.

Quando vagava deprimido pelas ruas da cidade, um ancião o animou e incentivou a continuar praticando. "A paciência trará o êxito", assegurava-lhe.

Demóstenes dedicou-se ao seu objetivo com uma tenacidade ainda maior. Era objeto de gozação de todos os adversários, mas não desistiu. Para corrigir os problemas de fala, punha uma pedra sob a língua, ia até a praia e bradava com todas as forças, até que as suas palavras pudessem ser ouvidas acima do som das ondas. Recitava quase aos gritos discursos e poemas para fortalecer a voz, e quando tinha de participar de uma discussão, revisava várias vezes os argumentos de ambas as partes, ponderando cada um deles.

Em poucos anos, o pobre garotinho órfão e gago havia-se aprofundado de tal modo na arte da eloquência que se tornou o mais brilhante dos oradores gregos, criador de um estilo retórico formidável que rompia os moldes estritos do seu tempo e que ainda hoje, 2.300 anos depois, constitui um modelo do gênero.

Demóstenes é um exemplo dentre as multidões de homens e mulheres que, ao longo da história, souberam mostrar uma vontade decidida.

– *Parece mesmo que o mundo avança graças a ação de homens e mulheres perseverantes e empenhados.*

Às vezes dizemos querer uma coisa sem querer de verdade, sem jamais colocá-la como um objetivo da nossa vida.

> Às vezes "tentamos", mas há uma grande diferença entre um "eu queria" genérico e um "quero" decidido.

– *Porém, os jovens costumam dizer que é impossível realizar qualquer coisa com todos os problemas que têm.*

Beethoven estava quase totalmente surdo quando compôs a sua obra mais excelsa. Dante escreveu *A Divina Comédia* no exílio, lutando contra a miséria, e empenhou nela trinta anos da sua vida. Mozart compôs o seu *Requiem* no leito de morte, afligido de terríveis dores.

Cristóvão Colombo também não teria descoberto a América se tivesse desanimado após as primeiras tentativas fracassadas. Todos riam dele quando ia de um lugar para outro pedindo auxílio econômico para a viagem. Tinham-no por um aventureiro, um visionário, mas ele se manteve firme em seu propósito.

– *Mas nem todo mundo é como esses gênios que entraram para a história...*

Concordo, mas é preciso almejar a metas elevadas.

— *Tudo bem, mas acho que ninguém pode viver obcecado e pensar apenas em cumprir todos os dias aquilo a que se propôs.*

Com efeito: sem obsessões, porém sem abandonar a meta, pois a vida já nos rebaixa o suficiente. Liszt, aquele grande compositor, dizia: "Se fico um dia sem praticar, logo percebo; mas se fico três dias sem praticar, é o público que nota".

— *E quando as coisas não dão certo, como acontece uma ou outra vez?*

Não seria bom para o jardim se toda flor gerasse fruto. Para o homem também seria ruim se todos os seus esforços tivessem êxito. A vida é assim, e temos de aceitá-la como ela é.

É um erro dizer que "fulano nasceu com uma sorte incrível", porque isso é desculpa de fracassados. Não devemos pensar que somos muito inteligentes, mas que a vida não é justa conosco. Devemos, pelo contrário, procurar a verdadeira razão dos nossos malogros. Lembremo-nos de que *quem quer ser alguém na vida não deve reclamar da sorte, mas agarrar as oportunidades com as duas mãos e não as deixar passar.*

Ousar e perseverar. Audácia e constância: dois aspectos inseparáveis que se completam. Horácio afirmava que *quem empreendeu o esforço já fez a metade*. E há também aquela frase de Sócrates: *começar bem não é pouco, mas também não é muito.*

A lição da desesperança

Viktor Frankl narra como os prisioneiros dos campos de concentração, durante e depois da Segunda Guerra Mundial, lembram-se perfeitamente daqueles homens que iam de barraca em barraca consolando os outros, prestando-lhes ajuda e, muitas vezes, dando-lhes o último pedaço de pão que lhes restava.

Pode até ser que fossem poucos em número, mas ofereciam provas suficientes de que se pode tirar tudo do homem, exceto uma coisa: *a escolha da atitude pessoal para decidir o próprio caminho.*

A mensagem de Frankl é clara e cheia de esperança: por maiores que sejam as desgraças a abater-se sobre uma pessoa, por mais fechado que se apresente o horizonte num dado momento, sempre resta ao homem a inviolável liberdade de agir conforme os seus princípios, sempre há esperança.

– Muito bem, mas como podemos infundir a esperança na família?

Há diversas pequenas ações que podem contribuir muito para conseguirmos isso. Por exemplo:

- Ser positivo em tudo que faz. Não deixar ninguém "para baixo". Dizer primeiro o que está bem e falar apenas o necessário sobre o que vai mal.

- Talvez os seus filhos, por algum motivo, vejam você com pouca frequência: tente aproveitar ao máximo o pouco que vocês conseguem conviver.

- Cuidado para não cair num otimismo simplório, que seria um substituto barato para a esperança. Os otimistas vazios lutam contra a realidade. Já os realistas esperançosos sabem enfrentar a realidade sadiamente, porque a esperança não é um consolo para crianças nem um calmante para ingênuos.

- As pessoas precisam ouvir um elogio de vez em quando. É uma pena que alguns indivíduos pareçam incapazes de fazer um elogio. É algo muito mais importante do que parece.

- Seja precavido para evitar os males evitáveis. A esperança não é uma resignação tola conjugada a um otimismo ingênuo: ela deve trabalhar e transformar a realidade e assim evitar esses males sempre que possível.

- Enfrente com serenidade as contrariedades, as decepções e os erros dos filhos. Lembre-se de que até mesmo quem recebeu uma educação esmerada poderá vir a cometer erros sérios. Um descuido ocasional, portanto, ainda que seja grave, não é motivo para desespero. Se o seu filho voltar para casa bêbado depois de uma festa, ou se a sua filha fumar maconha um dia com um grupo de colegas, o mundo não vai acabar. É claro que são coisas graves e que será preciso agir rápido e decisivamente, mas ainda há remédio.

– Mas às vezes parece que os erros acumulados ao longo dos anos já selaram o futuro da pessoa. Chega um momento em que não se vê sentido em mais nada. Você acha que não tem mais forças para passar a vida inteira lutando sem ver uma luz no fim do túnel...

Seria maravilhoso ter uma luz para ver claramente o caminho em todos os momentos, todos os dias, a vida toda. Seria muito mais bonito, tranquilizador e maravilhoso. Mas nem sempre temos essa luz. Na melhor das hipóteses, temos luz por um instante e só. E pode ser que tenhamos de passar por todo um período bastante obscuro. Mas é preciso seguir adiante.

Alguns desistem da luta simplesmente porque não conseguem alcançar cem por cento os seus objetivos. Falta-lhes esperança para construir humildemente a cada dia mesmo um ou dois por cento dos planos.

Faça esse pouco que você pode e procure que todos façam o mesmo. Você verá que as coisas mudarão bastante em pouco tempo. Tenha menos medo do futuro e mais coragem no presente. Não é boa política viver preso no passado, seja por amargura, seja por saudosismo.

Se for por amargura, convém recordar aquele adágio russo que diz que se lamentar pelo passado é como correr atrás do vento. Em vez de dar voltas e mais voltas a ideias recorrentes, em vez de dizer que o mundo é horrível, que todos os homens são egoístas, vejamos se cada um consegue melhorar um pouco a própria vida e a das quatro, cinco ou vinte pessoas ao seu lado. Menos perguntas, menos queixas e mais trabalho.

Se a causa da desesperança for o saudosismo, procure pensar se essa recordação do passado serve para iluminar o presente ou se é um refúgio sentimental covarde para não ter de enfrentar o dia de hoje.

– *Certas pessoas desanimam porque enxergam um futuro profissional ou afetivo muito negro e sem perspectivas. As coisas não estão nada fáceis hoje em dia...*

Ante a sombra do "não há futuro", é fácil cair num engano escapista.

> É a tentação de evitar o esforço do quotidiano, de buscar refúgio em falsos momentos de tranquilidade e de apegar-se a idealizações para suportar a passagem do tempo.

Assim, um aluno passa aulas inteiras pensando no que vai fazer no final de semana, e semanas inteiras pensando nas férias, e anos inteiros sonhando com a felicidade que virá com a vida universitária, ou com o trabalho, ou com o casamento... ou com a aposentadoria. Não compreende que *o futuro está no presente.*

O *fastio e o tédio*

Há muita gente que vive entediada. Tanto, que até na hora de assistir à TV têm de esforçar-se para não serem engolidos pelo *zapping*: pulam de canal em canal e, em vez de escolher um dentre cinco programas diferentes, acabam enfastiados com todos; são arrastados pelas opções que têm nas mãos e não conseguem acompanhar programa nenhum.

Estão tão tomados pela preguiça e entediados que não têm forças sequer para divertir-se. Simplesmente deixam passar as horas sem que nada os entretenha. As tardes tornam-se intermináveis, dizem que os dias são todos iguais, que tudo os cansa. O que é ruim os cansa, e o que é bom também. Enfastiam-se se têm poucos bens, mas também se têm muitos.

O problema não é a série de pequenos tédios transitórios, mas sim aquele que toma posse do estado de ânimo habitual, o tédio dessa gente de vinte e poucos anos que diz já ter visto de tudo e que tudo é uma "chatice".

O tédio é uma doença difícil de curar. Algum tempo atrás, li que há três remédios para a doença do tédio: o trabalho, o amor e o interesse pelos pequenos detalhes. E esses três remédios, além do mais, só são vendidos em forma de semente: é preciso ter paciência porque são pequenos no início, mas logo crescem, florescem e iluminam a vida.

O tédio generalizado não pode ser combatido com diversão. Os divertimentos podem podar as folhas da tristeza, mas não matam a raiz. Resolvem apenas pequenos instantes de tédio.

A forma de resolver o problema do tédio crônico é apaixonando-se pela tarefa que ocupa a maior parte do nosso tempo útil: trabalhar. Quem se entrega com generosidade ao trabalho dificilmente conhecerá o tédio.

> O trabalho é um dos melhores educadores do caráter.

O trabalho ensina-nos a ser senhores de nós mesmos, a perseverar, a temperar o espírito, a esquecer as besteiras e muitas outras coisas.

É interessante descobrir o valor de grandes coisas que podem parecer insignificantes à primeira vista. Nada é inútil. Tudo tem valor. O encanto de uma ocupação esconde-se por trás do gosto por fazer as coisas bem, cuidando dos detalhes que tornam o nosso trabalho num verdadeiro serviço ao próximo.

Grandeza de ânimo. Ideais e horizontes

Há uma lenda entre os índios norte-americanos que conta como um bravo guerreiro, certa vez, encontrou um ovo de águia e o pôs num ninho de codornas. A pequena águia nasceu e cresceu entre as codornas e acabou tornando-se uma delas.

Não caçava para comer como as águias, mas cavava a terra em busca de sementes e insetos. Emitia os sons das codornas e corria e voava em saltos curtos como elas.

Um dia, viu um pássaro magnífico voando a uma grande altura sob o céu azul. O seu aspecto era majestoso, aristocrático, real e imponente.

– Que pássaro lindo! O que seria? – perguntou a águia

transformada, sentindo o sangue ferver de um modo muito íntimo.

– Ignorante! Não sabe? – respondeu um colega. – É uma águia, a rainha das aves. Mas não sonhe, porque você nunca poderá ser como ela.

A águia transformada soltou um suspiro nostálgico profundo, baixou a cabeça, ciscou... e esqueceu-se da águia majestosa. Passado o tempo, morreu acreditando ser uma codorna.

Acontece o mesmo a muitas pessoas inconscientes da sua origem nobre e das suas possibilidades. Vieram ao mundo para fazer aquilo que fazem as outras pessoas à sua volta, sempre que não for muito trabalhoso. Não julgam ter vocação para nada grandioso. Quando veem nos outros um traço digno de imitação, sempre pensam tratar-se de algo longínquo e inacessível para si. Não transcendem, não têm aspirações, contentam-se com o tedioso passar da vida à sua volta. Não entendem a própria magnanimidade.

Dentre as *doenças* da personalidade adolescente, a falta de magnanimidade é a que merece mais atenção. Devemos, nesses casos, curar não os sintomas da doença, mas a sua causa.

Magnanimidade é o mesmo que grandeza de ânimo. É a virtude das pessoas que desejam sair da velha estrada da mediocridade e empreender projetos audazes em benefício de todos. O homem magnânimo está sempre disposto a ajudar, não se assusta diante das dificuldades e entrega-se sem reservas àquilo que crê valer a pena.

O pusilânime, pelo contrário, acredita que tudo está além das suas capacidades. É o sujeito que espera sentado pela sua oportunidade, que aguarda pacientemente a chegada de tempos melhores, enquanto lamenta as dificuldades que precisa enfrentar no momento.

É uma tristeza ter de conviver com pessoas pusilânimes. São constantes estraga-prazeres, conformistas e desalentadores. Tudo o que fazem tem o gosto da mediocridade, até mesmo as diversões. São homens apáticos e tristes, sem vontade para nada.

> O vazio de ideais é a mais amarga
> das carências.

— *Mas às vezes parece que os adolescentes têm apenas ideais...*

Não é bem assim. A adolescência é uma época de contrastes. É a idade dos grandes entusiasmos e dos grandes desânimos. É um tempo de ilusões, projetos, possibilidades que se abrem a cada passo. Os jovens deixam para trás a infância como uma camisa que ficou pequena demais; já não podem cobrir-se com os sonhos infantis.

É uma época de dilemas constantes. Por um lado, deparam com o nobre; por outro, com o mesquinho. E se não receberam uma boa educação, essa batalha nem sempre se resolve da melhor maneira.

> O próprio de um adolescente bem educado
> é julgar que pode e deve tornar-se um
> grande homem.

Devemos esforçar-nos para não deixar a mediocridade assenhorar-se de nós com o passar do tempo. A diminuição do ânimo é uma sombra que, com o desgaste dos anos, pode nos aprisionar sutilmente, sedando pouco a pouco as nossas esperanças e os nossos sonhos, até tornar-nos quase subumanos.

A grandeza de ânimo também requer um pouco de estilo. Temos de evitar a mediocridade, em vez de condená-la altivamente. Como dizia Jean Guitton:

> Quando a grandeza de ânimo se alia à altivez, costuma tornar-se somente altiva, o que é um terrível defeito.

A grandeza manifestada sem humilhar ninguém nem exaltar a si mesma é uma magnanimidade nobre e cheia de classe.

CAPÍTULO VII
Personalidade e soberba

Muitas pessoas teriam sido sábias se não tivessem acreditado que já o eram.

Sêneca

História de um velho cacique

Não faz muito tempo, contaram-me a história de um pequeno chefe de um modesto povoado europeu dos anos sessenta.

Por anos a fio, esse homem foi prefeito do lugar. Ninguém se atrevia a concorrer contra ele nas sucessivas eleições municipais. O seu domínio era total. Ninguém lhe fazia sombra ou questionava as suas ordens. Toda decisão, da menor à maior, passava pela sua mesa.

Um belo dia, para surpresa de todos, apareceu outro candidato. As eleições seguintes não seriam do mesmo jeito de sempre. Prometiam ser realmente interessantes.

O prefeito vitalício sentiu-se afrontado. Era inadmissível que alguém tivesse a ousadia de competir com ele. Aquilo era uma afronta, algo além da sua compreensão.

O insólito rival lançou o seu programa de governo, distribuiu a sua propaganda e fez promessas. Quando finalmente chegou o momento de as urnas resolverem aquele embate, a expectativa era grande. Tudo ocorria de maneira bem diferente das vezes anteriores.

No final, o novo candidato saiu derrotado por uma margem apertada. O velho líder comemorou como nunca, radiante de alegria. No discurso de posse, referiu-se ao vencido com uma voz solene e carregada de bons sentimentos: "Eu o perdoo".

Talvez nos aconteça, de vez em quando, o mesmo que aconteceu a este singular prefeito.

> Curiosamente, podemos sentir-nos ofendidos quando pensam diferente de nós.

Por trás de qualquer problema na educação, há sempre um princípio de soberba. Algumas atitudes põem de manifesto o *pequeno tirano* que trazemos dentro de nós; são atitudes que, se pudéssemos analisar de fora, nos pareceriam tão ridículas quanto à do prefeito da história acima, que teve tanta dificuldade em aceitar a concorrência legítima em eleições livres.

Desejos de supremacia

Ela sempre teve de sobra – escreve Miguel Delibes – a habilidade de erguer a cabeça. Declinava a aparência de autoridade, mas sabia exercê-la. Às vezes, cabia a mim falar mais alto, mas, no fim das contas, era ela quem, em cada caso, resolvia o que convinha fazer ou deixar de fazer.

Em todo casal, existe um elemento ativo e outro passivo; um que executa e outro que se dobra. Eu, ainda que não aparentasse, aderia sempre ao bom critério dela, aceitava a sua autoridade. Ela costumava aconselhar às amigas que evitassem os confrontos diretos, um sábio conselho.

O aspecto formal da luta pelo poder nos primeiros meses de matrimônio parecia-lhe grotesco, para não dizer de mau gosto. Ela acreditava que o homem cuida das aparências e recusa direção; mas entendia que algumas mulheres punham acima da autoridade o prazer de proclamá-la, isto é, aceitavam o poder, porém sem ocultar certo ressentimento.

Certamente, ela era feita de outra madeira. E se entre nós não houve uma divisão explícita de papéis, tampouco houve atrito; agíamos de acordo com as circunstâncias.

– É, de fato, uma bela dissertação sobre a autoridade no casamento, mas o que tem a ver com o caráter dos filhos?

Tem muito a ver, pois abarca a família inteira. Em toda família, é necessário encontrar essa síntese particular e única entre exigência e cordialidade, autoridade e indulgência, respeito e proximidade.

"A minha filha não me obedece. É um terror", ouve-se dizer às vezes. Mas talvez seja você quem exerce a autoridade de uma forma terrível. Os membros da família têm um determinado jeito de ser e é preciso aceitá-los como são, ajudando-os a melhorar sem os considerar "casos perdidos".

Há muitas atitudes pequenas que reforçam esse fluxo natural da autoridade dos cônjuges. São detalhes que criam um ambiente propício para a formação do caráter dos filhos. Vejamos alguns exemplos:

- Procurar decidir em conjunto as questões mais importantes;

- Acostumar-se a dar satisfação de onde estamos e do que fazemos, e não ficar irritado quando nos perguntam;

- Ter em alta conta a opinião dos outros (e prezar menos a própria);

- Incentivar as iniciativas dos outros sem colocar empecilhos. É um mau sinal quando frases como "isso pode não dar certo", "me deixe em paz" e "você não entende nada disso" são ouvidas com frequência em casa;

- Saber ceder;

- Não passar a vida inteira lembrando os outros das suas propostas que deram errado.

O ridículo da presunção

Na noite de 14 de abril de 1912, o famoso transatlântico Titanic choca-se com um iceberg no Atlântico Norte e afunda em menos de três horas: 1.517 pessoas morreram nas gélidas águas do mar de Terranova.

Ao longo do século passado, houve catástrofes muito maiores de que pouco se falou e que foram esquecidas rapidamente. O Titanic, porém, comoveu o mundo e ocupa um lugar de destaque na história do século XX. Talvez isso se deva ao caráter tragicamente ridículo da presunção que cercou o acontecimento: tratava-se, afinal, de um navio colossal, considerado "inafundável" por muitos especialistas da época.

É também tragicamente ridícula – ainda que seja mais ridícula do que trágica – a atitude dos jovens presunçosos, levados pela vaidade a assumir um absurdo ar de superioridade. São sujeitinhos empedernidos, que vivem a enunciar frases na primeira pessoa: "Porque eu..., porque para mim..., porque como eu digo..., porque estive em..., porque a minha moto..., porque o meu pai..., porque uma vez eu..."

Esforçam-se por mencionar várias vezes os mesmos elogios dissimulados – ou nem tão dissimulados – de si mesmos. O escritor italiano Gadda afirmava que, nesses casos, é difícil dizer o que é maior: o orgulho ou a estupidez.

Às vezes, chegamos a pensar: "Será que esse sujeito não tem um amigo ou amiga que lhe diga ao pé do ouvido que esses ares de superioridade são ridículos?"

– *Talvez seja mais fácil para os outros enxergar isso...*

Verdade. Por isso vale a pena analisar essas atitudes e averiguar se não agimos igual. Uma pessoa presunçosa, por exemplo:

- imagina que é querida por todos quando na verdade é muito antipática;
- ridiculariza os outros com os seus comentários mordazes e ainda pensa que é admirado, mas na verdade só coleciona inimizades;
- nunca cede, pois pensa que sempre tem razão, mas aos olhos dos outros é um pobre medíocre com complexo de superioridade;
- veste-se como um modelo de revista e não percebe a vergonha que passa;
- sempre fala como se ministrasse uma conferência, quando não é mais do que um pedante que não sabe falar sem afetação;
- jamais admite ter culpa de nada e, por nunca querer ouvir falar dos seus defeitos, acredita que não tem nenhum. O escritor inglês Joseph Addison dizia que *o mais grave defeito é não ter consciência nenhuma*;

- não sabe usar as próprias qualidades sem humilhar os outros.

Alguém já disse que *o melhor negócio do mundo seria comprar uma pessoa pelo que ela vale e vendê-la pelo que ela acha que vale.* Por outro lado, quem conhece a si mesmo sabe que, por mais qualidades que tenha, ainda tem muito a aprender. Como dizia o filósofo romano Sêneca: *muitas pessoas teriam sido sábias se não tivessem acreditado que já o eram.*

O orgulho

O orgulho adota muitos disfarces diferentes. Se o procurarmos dentro de nós, com certeza o encontraremos por toda parte. E precisamos ter cuidado para não nos abalar com a descoberta.

O orgulho afeta a nossa própria vida familiar. Um olhar crítico sobre a rotina em casa revelará muitos aspectos da convivência corroídos pelo orgulho. Vejamos alguns exemplos:

- Um cônjuge que não ouve nada do que o outro diz ou o interrompe a toda hora, como se as suas opiniões fossem as únicas dignas de atenção;
- Uma mãe que não quer corrigir o filho por medo de perder o afeto da criança;
- Um marido que chega tarde para jantar e não avisa porque acha que a família toda tem de girar ao seu redor;
- Um filho malcriado que raramente faz algo mais do que reclamar de tudo.

E há ainda mais exemplos na vida diária fora do lar:

- Uma irritação descomunal – com xingamentos e quase ameaças de morte – quando alguém toma a sua vaga de estacionamento;
- As ordens bruscas dadas aos subordinados no trabalho, pronunciadas com altivez e arrogância e jamais acompanhadas de um "por favor" ou "muito obrigado";
- Os jargões técnicos lançados com impaciência nas caras dos clientes pouco lucrativos a fim de dispensá-los logo;
- A inquietação e os murmúrios contra a idosa à frente na fila do caixa.

– A maioria desses exemplos tem mais a ver comigo do que com os meus filhos.

Todos podem valer para os filhos, porque, à medida que você arranca o orgulho da sua vida, ele desaparecerá também da família e não conseguirá arraigar-se tanto no seu filho adolescente.

> Lembre-se de que os seus filhos são testemunhas dos seus ímpetos de orgulho. E que é a partir do comportamento dos pais que eles formam os seus critérios de conduta.

Não se trata aqui de simplesmente tomar cuidado com as boas maneiras. A questão é mais profunda. Considere qual é o seu modo de pensar acerca de si mesmo e dos outros. Será que você não se deleita ao dizer um "não" por conta da sensação de poder que isso lhe dá? Ou trata com uma condescendência humilhante os prestadores de serviço? São agressões que denunciam o egocentrismo, e os filhos adotam esse tipo de atitude quase sem perceber.

Isoladamente, algumas situações talvez não signifiquem muita coisa. O problema é o orgulho que manifestamos nelas: ele vai acumulando ao ponto de converter-se num grande "deseducador" na família.

A *divisão da culpa*

Saí de viagem certo dia brigado com a minha mulher depois de um pequeno bate-boca. Como sempre, por besteira. Mas foi uma besteira que me ofendeu bastante.

Hoje sei: eu tinha um temperamento muito difícil. Mas não percebia isso naquele tempo. Assim, fui para o aeroporto batendo as portas pelo caminho, cheio de ressentimento.

Aquilo não era inédito, mas aquela vez foi diferente, não sei bem por quê.

Viajei já imaginando como seria o retorno: a minha esposa viria pedir-me perdão, e eu, entre broncas e indignações, a perdoaria. Mas as coisas começaram a mudar dentro de mim graças à sorte que tive de encontrar um velho amigo na viagem. Trata-se de um dos meus melhores amigos. Começamos a conversar e, no final, acabei contando-lhe a minha vida inteira.

A verdade é que isso me fez pensar. Começaram a brotar-me dúvidas sobre a atitude que tive com a minha mulher. No começo, timidamente; depois, com mais claridade. No final, a dúvida transformou-se numa certeza: talvez eu tivesse razões para pensar que a culpa não era minha, mas estava certo de que *eu não tinha razão*.

Esse homem entendeu que, mesmo que a esposa tivesse agido mal naquela ocasião específica, no fundo ele também tinha culpa por conta do seu jeito arrogante e orgulhoso de tratar a família. Começou, então, a sentir a necessidade de pedir perdão, uma experiência nova para si. Finalmente viu que o seu comportamento ao longo daqueles anos tinha sido muito pior do que a pequena ofensa – e até mil ofensas – que a esposa lhe fizera.

Compreendeu que durante anos esteve cego por divagações tolas sobre quem seria o culpado por tudo. Sempre pensava que a culpa era da mulher ou de um dos filhos. Eles, por sua vez, pensavam exatamente o contrário. Assim, todos ficavam à espera de desculpas. Era um círculo vicioso do qual não conseguiam sair. A conclusão dele, naquele momento, foi clara:

> Umas das grandes dificuldades da convivência familiar é dar importância demais à pergunta: "Quem tem razão?"

O carinho mútuo, a paz e a convivência agradável são muito mais importantes do que saber quem tem razão. De que adianta saber de quem é a culpa? Quase sempre deve ser dividida entre os dois cônjuges. Além disso, são raras as pessoas totalmente culpadas, bem como as totalmente inocentes.

De cada dez vezes que vejo duas pessoas discutirem e uma delas insistir que tem razão, em nove creio que o "inocente" não está certo, que apenas tenta impor o seu ponto de vista com uma falta de objetividade assombrosa.

O que importa é que a paz volte a reinar. Sempre é possível analisar depois se será preciso tomar alguma outra medida ou não. Não importa quem tinha razão e quem estava errado: se a família está bem novamente é porque ambos viram a sua parcela de culpa e já pediram perdão um ao outro.

A *nossa verdade*

Sempre achei muito esclarecedor participar de conversas informais com grupos de jovens e até de criancinhas. Isso ajuda muito a entender como pensam e, por conseguinte, a evitar muitos erros de educação.

Às vezes, vemo-nos obrigados a analisar essas conversas dentro do ônibus... Os adolescentes costumam ser dotados de uma voz forte e não costumam poupá-la, ainda que todos os passageiros escutem o que estão dizendo.

Não faz muito tempo que calhei de pegar um trem com um grupo de alunos do colégio. Conversavam com muita animação, sem prestar atenção ao fato de que um professor viajava com eles naquele momento.

No começo, aquilo achei tudo engraçado, divertido até. Cada um dos *contendores* afiava a mente à cata dos deslizes dialéticos dos colegas para ironizar os seus argumentos. Ao cabo de meia hora, porém, todos os passageiros já estavam cansados.

Ficamos cansados porque nenhum dos jovens ligava para o que era dito. Enquanto um falava, o outro preparava a sua réplica. E se alguém tinha alguma ideia súbita, logo interrompia o interlocutor sem titubear. Além disso, a discussão prolongava-se, mas jamais chegava a um consenso. Pelo contrário, as afirmações tornavam-se cada vez mais radicais. Parecia até que cada jovem forçava a barra para sair "vencedor" do debate. Quando algum deles ficava encurralado e sem argumentos, não hesitava em recorrer a ataques pessoais ou a desqualificações demagógicas sem qualquer justificativa. Valia tudo, contanto que o debatedor não perdesse terreno, não se deixasse convencer, nem cedesse um pouco nas suas afirmações.

O mais triste é que as ideias de uns e de outros não eram tão diferentes assim. As opiniões de cada jovem seriam facilmente conciliáveis se expressas de outra maneira, se os seis defensores aprendessem a trocar impressões e pontos de vista, em vez de discutir aos berros.

– *É que os jovens são muito exaltados...*

Não só eles. Muitas vezes somos assim e não percebemos. Parece que temos a nossa verdade e não queremos abrir a cabeça para uma ideia de fora. É como se fizéssemos uma oposição permanente a tudo o que é alheio, como se tivéssemos uma tendência a condenar e discutir tudo.

– *Mas certas coisas são convicções muito profundas. Não devemos ceder nelas...*

É verdade, mas essas convicções básicas, ainda que importantíssimas, são geralmente poucas em número. E as brigas e discussões costumam acontecer por causa de coisas muito mais secundárias.

Seria interessante que passássemos pela peneira da nossa própria ironia as razões que nos levam a discutir. Quase sempre são ridículas. Chegaríamos à conclusão de que não vale a pena experimentar o sabor amargo de toda polêmica mal resolvida.

> E descobriríamos que é melhor e mais enriquecedor buscar as coisas que unem em vez das coisas que separam.

Quando for necessário opor ideias, façamo-lo com elegância, sem nos esquecer daquilo que Sêneca dizia: *a verdade se perde nas discussões prolongadas.*

Além disso, se já não é simples fazer os filhos adolescentes aceitarem os conselhos que os pais dão de forma racional e respeitando a sua liberdade, como querer que aceitem – principalmente a partir de certa idade – imposições pouco racionais lançadas no meio de uma discussão?

O gênio difícil

Certas pessoas parecem rodeadas de arame farpado. São como cactos, fechadas em si e prontas para espetar os outros. Contudo, queixam-se de não terem companhia, o afeto dos filhos, dos pais ou conhecidos.

A verdade é que todos nós, com o passar do tempo, acabamos lamentando-nos por não ter tratado melhor as pessoas com quem convivemos. Dickens dizia que, "quando deixamos um lugar para trás, começamos a perdoá-lo".

Quando nos irritamos, pensamos em muitos argumentos. Vários deles, porém, pareceriam-nos ridículos se contemplados alguns dias ou horas mais tarde.

– *Mas é melhor desabafar de vez em quando do que acumular mágoas.*

Com certeza, mas a cólera é perigosa. Num momento de exaltação, podemos provocar feridas que demorarão muito a cicatrizar.

Perder a paciência costuma ser contraproducente e pode dar margem a espetáculos lamentáveis, porque um homem irritado quase sempre perde a razão. A história é testemunha de como os efeitos da irritação acabam por ser mais graves do que a sua causa.

— *Então você está dizendo que não nos devemos irritar jamais?*

Alguém dizia que há dois tipos de coisas com as quais um homem nunca se deve irritar: as *remediáveis* e as *irremediáveis*. Se uma situação ruim tem remédio, melhor dedicar-se à buscá-lo sem irritações; se não tem, melhor não gastar saliva.

— *Que exagero! A irritação pode até ajudar na formação dos filhos, como, por exemplo, pode deixar claro que fizeram algo ruim.*

Sim, mas são raras as irritações por motivos sérios e profundos. Ainda mais raras são as discussões que resolvem algo.

O gênio difícil deteriora a união familiar. A inibição e os mal-entendidos prejudicam a família, mas a desunião é pior.

Ainda por cima, normalmente é a pessoa com menos culpa no cartório quem atura o mau gênio alheio, simplesmente por estar mais próxima. Quantas vezes alguém não nos vem consolar ou ajudar e recebe um belo "coice" de presente?

— *De vez em quando acordamos de mau humor, e não há o que fazer...*

O ânimo realmente tem as suas variações: um dia você está cheio de bom humor e leve como um raio de sol; no outro, sem saber bem por quê, uma nuvem pesada paira sobre a sua cabeça e troveja diante do mais irrelevante contratempo. Devemos fazer o possível para dominarmos o nosso humor e não deixarmos que ele nos leve ao seu bel prazer.

Suscetibilidades. Pensar bem para acertar

As pessoas suscetíveis carregam um fardo pesado. Complicam o que é simples e esgotam até a maior das paciências. Vivem sempre com a guarda erguida, apesar do cansaço que isso lhes causa.

São capazes de encontrar segundas intenções, conjurações e conspirações malévolas nas coisas mais simplórias. Não param de imaginar que os olhos dos outros estão cheios de censura. Uma pergunta qualquer é interpretada como uma indireta, ou uma condenação, ou uma alusão a um possível defeito pessoal. Fazem todos medir muito bem as palavras e pisar em ovos para não ferirem os seus sentimentos de repente.

A raiz da suscetibilidade está no egocentrismo e na complicação interior. "Não me tratam como mereço..., não têm consideração comigo..., não percebem o que faço...": quem pensa assim sufoca a confiança e dificulta a convivência.

Vejamos algumas ideias que podem afastar de nós esse perigo:

- Tomar cuidado com a atitude de suspeitar de tudo e de todos, que é um veneno mortal para a amizade e para as boas relações familiares;

- Não procurar segundas intenções em tudo o que os outros dizem ou fazem;

- Não ser tão ácido, tão crítico, tão cáustico, tão demolidor: ninguém pode passar a vida inteira aos tapas com todo mundo;

- Crer sempre na boa intenção dos outros: não admitir em casa críticas sobre familiares, vizinhos, colegas ou professores;

- Acreditar que todas as pessoas são boas até que se prove o contrário. É importante tentar ver o lado bom das pessoas, não as rotular por coisas pouco importantes nem julgá-las pela primeira impressão. É melhor sofrer uma desilusão do que deixar de confiar em alguém por causa de boatos ou ninharias;
- Não alimentar antigas feridas, ressuscitando velhos agravos ou abrigando desejos de vingança;
- Ser leal. Se temos críticas sobre alguém, façamo-las diretamente ao interessado e não a terceiros. Além disso, temos de dar ao criticado a oportunidade de retificar antes de condená-lo – não basta justificar com um simples "já avisaram, mas ele nem se importa...";
- Aturar a si mesmo. Muita gente ressentida por causa dos outros na verdade não consegue lutar contra os próprios defeitos com tranquilidade.

* * *

Para recordar...

A preguiça dissolve o caráter.

O preguiçoso trabalha de má vontade para depois aborrecer-se no tempo livre: tudo para ele é cansativo e tedioso. Ele não consegue aproveitar um segundo sequer.

Dê especial importância às virtudes que giram em torno da verdade: sinceridade, simplicidade, lealdade, naturalidade, autenticidade, etc. Seja um exemplo de fidelidade plena que nunca atraiçoa.

Para pensar...

O entretenimento só dá conta dos pequenos momentos de tédio. A preguiça, o egoísmo e o orgulho podem ser a causa da falta de entusiasmo pelas coisas.

Fomentar a sensatez e o bom critério dos filhos significa ensiná-los a raciocinar e, ao mesmo tempo, ajudá-los a crescer nas diversas virtudes. Quando não há virtude, a razão facilmente toma o caminho errado.

Para ver...

Quando tudo começa (*Ça commence aujourd'hui*). Direção: Bertrand Tavernier. França, 1998. 107 min.

Caráter (*Karakter*). Direção: Mike van Diem. Holanda / Bélgica, 1997. 122 min.

O jardim secreto (*The Secret Garden*). Direção: Agnieszka Holland. Reino Unido, 1993. 102 min.

Para ler...

Piedad García & Candi del Cueto, *Tu hija de 13 a 14 años*, Coleção Hacer Familia nº 31. Ediciones Palabra, Madri.

Vidal Sánchez & Miguel Angel Esparza, *Tu hijo de 13 a 14 años*, Coleção Hacer Familia nº 32. Ediciones Palabra, Madri.

Alfonso Aguiló, *Interrogantes en torno a la fe*, Coleção Hacer Familia nº 58. Ediciones Palabra, Madri.

Daniel Pennac, *Como um romance*, Rocco, Rio de Janeiro, 2008.

Para conversar...

Conversar, num momento de reunião familiar, sobre como harmonizar as aparentes contradições que às vezes surgem entre valores como a sinceridade, a naturalidade ou a espontaneidade, e outros, como a cortesia, a afabilidade e as boas maneiras.

Planejar em família o uso do tempo livre. Detectar possíveis motivos de tédio e buscar suas causas e soluções.

Para agir...

Situação

Raul tem 15 anos e é o mais novo de três irmãos. Os seus pais não entendem o motivo, mas há meses o menino critica cada vez mais os outros membros da família. Demonstra uma notável capacidade de captar os defeitos alheios e apontar o que ele considera flagrantes faltas de coerência.

Os pais tentam mostrar-lhe que não é certo criticar as pessoas com tanta dureza, que deve ser mais compreensivo, etc. Raul, então, indigna-se mais ainda, e diz coisas como "Por que não diria, se é verdade?", ou "É uma hipocrisia eu deixar de dizer o que penso. Por acaso é alguma mentira?"

Objetivo

Reconduzir, de um modo construtivo, o senso crítico.

Meios

Ensinar o jovem a compreender melhor os outros, a pôr-se no lugar deles e saber corrigir de maneira oportuna, positiva e inteligente.

Motivação

Favorecer um ambiente familiar em que todos tenham a tranquilidade de saber que, quando fizerem algo de errado, serão corrigidos leal e individualmente, sem fofocas nem humilhações.

História

Raul passa vários dias um pouco mais acelerado que o normal; o seu senso crítico está em plena efervescência. Fica mais agressivo e acabada deixando todos ao redor tensos. A turma da escola paga na mesma moeda, e os conflitos têm resultados às vezes catastróficos.

Hoje, chegou em casa mal-humorado e deprimido. Algo aconteceu. Os pais ficam preocupados, mas não sabem o que dizer. "Acho – concluía o pai quando conversava com a mãe à noite – que preciso falar com ele com um pouco mais de calma. Sempre conversamos dessas coisas num contexto negativo, com o objetivo de rebater as suas críticas. Em breve vai haver uma feira de tecnologia, e como nós dois gostamos bastante, vou chamá-lo para ir comigo e ver se conseguimos conversar com calma depois do evento".

Resultado

Raul ficou muito animado com a ideia. Decidiram aproveitar para ir ao meio-dia, um horário em que sempre há menos gente, e depois almoçar hambúrgueres – algo de que Raul gostava talvez até mais do que de informática. Durante o trajeto até a feira, não pararam de falar de computadores. O pai deu-lhe toda a atenção. O rapaz opinava também sobre outros assuntos, quase sempre de maneira bastante brusca.

A visita à feira acabou num piscar de olhos e chegou a hora do almoço. O pai achava que já havia um ambiente adequado para falar com mais confiança sobre o caráter do filho. Mesmo assim, não parecia fácil encontrar o momento certo para abordar o assunto. Pensou em deixar a conversa para outra ocasião, mas logo viu que isso era um subterfúgio da sua preguiça: "Combinei com a minha esposa que conversaria com ele sobre isso – pensava consigo. Não volto para casa sem falar".

Por fim, tocou no assunto da melhor maneira que pôde. Tentou dar um enfoque positivo:

– Veja Raul, queria falar com você de um assunto sério e construtivo. Não vou acusá-lo de nada. Fique tranquilo. Quero é pedir a sua ajuda.

Raul olhava para ele espantado:

– O que é? Nunca vi você assim tão sério...

– É o seguinte: você tem um talento para ver o que fazemos de errado em casa. Isso é um dom que pode ajudar muito se você souber usá-lo. Mas se você o usar mal, também poderá fazer as pessoas sofrerem muito.

Raul escutava o pai com interesse. Já estava bastante consciente do próprio caso, mas não conseguia vencer os seus sentimentos de rebeldia e indignação. Quase sempre os expressava de maneira grosseira, para depois passar horas e mais horas em retrospectivas mentais, enumerando todos os seus motivos para estar certo. Muitas vezes, arrependia-se das coisas que dissera nos momentos de raiva e sentia-se culpado.

O pai conseguiu encontrar receptividade e pôde explicar com calma que todos temos defeitos e que o melhor a fazer é ajudarmos uns aos outros a superá-los, em vez de nos acusarmos mutuamente nos momentos de raiva ou indignação, justamente os momentos em que menos pensamos para falar e menos queremos ouvir. Os dois conversaram sobre como seria maravilhoso poder agir com naturalidade, sabendo que aqueles à nossa volta olham por nós e dizem lealmente e com carinho o que fazemos de errado.

A conversa foi tão longa que os dois tiveram de sair às pressas para não chegarem tarde em casa. Raul ficou contente e reconheceu que a atitude hipercrítica causava-lhe problemas e que alguns amigos tinham se afastado dele por causa disso. Sabia que seria trabalhoso consertar o estrago, mas agora que via tudo com clareza, fez um acordo com o pai para conversar sobre esse tema com calma pelo menos uma vez por semana.

Terceira parte

O CARÁTER E A FAMÍLIA

A juventude de hoje está corrompida até o coração. É má, ateia e preguiçosa. Jamais será o que deveria ser, nem será capaz de preservar a nossa cultura.

(De uma inscrição gravada numa tábua de argila babilônica do século XI a.C.)

CAPÍTULO VIII
Os pais e o caráter dos filhos

*Não são as ervas daninhas que sufocam
a boa semente, mas a negligência do lavrador.*

Confúcio

A adolescência dos filhos... ou dos pais?

Um aluno, certa vez, preenchia sem muito entusiasmo um teste de personalidade realizado pela escola.

Numa das questões, perguntava-se o que acontecia aos jovens que, como ele, atravessavam essa difícil etapa da vida chamada adolescência.

Não sei o que acontecia na família dele então, nem o que ele entendia por "puberdade", mas a resposta foi memorável: "A puberdade é uma doença que aflige os pais quando seus filhos chegam aos quatorze ou quinze anos".

Quando me contaram, achei engraçado e comecei a pensar se a definição do garoto não comportava uma boa dose de senso comum.

É verdade que os filhos sofrem profundas transformações ao atingirem essa idade. É também que começam a ficar mais rebeldes, que assumem um ar de autossuficiência ingênua. Passam a contar-nos poucas coisas e a dar respostas cortantes, muitas vezes monossilábicas.

Tudo isso é natural. O estranho seria se não fosse assim.

> Por isso, precisamos compreender que um adolescente se sinta um pouco oprimido pelos pais e pelo mundo inteiro.

Uma mãe prevenida e um pai sensato não se surpreenderão com nada disso. Têm consciência de que os anos passam, os filhos crescem e de que tudo isso é normal. Logo o rio voltará ao seu curso.

Contudo, alguns pais ingênuos e assustadiços – como talvez fossem os pais do aluno acima – provavelmente tentarão impor a sua autoridade à força, com brigas e gritos. E ficarão desesperados ao ver que não conseguem convencer os filhos de nada e até agravaram a sua tendência contestadora.

Há também os pais que mal falavam com os filhos nos anos anteriores à adolescência e que, de repente, querem entrar na vida deles, justamente na fase em que eles mais se fecham em si mesmos.

– É o velho problema de tentar conversar mais com eles...

Sim, mas os pais têm de compreender que, a essa altura, será muito mais difícil transpor a barreira da intimidade, porque, um dos sentimentos novos que os adolescentes experimentam é o de não deixar ninguém entrar com facilidade no seu mundo reservado.

– Então, se fui meio ausente nos anos da infância e, por algum motivo, não conquistei a confiança dos meus filhos, o meu caso não tem solução?

Tem solução, como quase tudo na vida. Só será mais difícil. Não podemos dizer que não há problemas em ter perdido as boas oportunidades oferecidas pela infância.

A adolescência é uma fase muito delicada. Há quem diga que existem duas idades em que os filhos deixam os pais de cabelos em pé: os primeiros meses de vida e a adolescência. Os transtornos ocasionados pelos bebês são bem conhecidos. Os verdadeiros problemas, porém, começam quando o bigode desponta nos rapazes e as meninas começam a desenvolver-se.

É provável que o aluno que vimos no começo tenha dito que a adolescência é mais coisa dos pais do que dos filhos porque muitos pais não percebem que as suas crianças cresceram e que precisam ser tratadas de maneira diferente. Não faz sentido, por exemplo, ficar em cima dos filhos o dia inteiro, a não ser que se queira aumentar a sua rebeldia ou transformá-los em jovens infantilizados e incapazes de decidir. Nesse caso, é melhor dar-lhes responsabilidades e depois cobrá-los.

De quem é a culpa?

Há pouco li um texto que me pareceu de um bom senso impressionante. Tratava de uma maneira de medir as pessoas que consistia em observar como descrevem aqueles que as cercam. Quem diz que ter colegas maravilhosos, parentes formidáveis e chefes ótimos é, ele próprio, um sujeito maravilhoso, formidável e ótimo. Por outro lado, quem só consegue enxergar defeitos naqueles com quem convive geralmente está cheio de defeitos dentro de si.

Também na família somos tentados a pôr a culpa sempre nas dificuldades do ambiente, na falta de recursos, nas incompatibilidades de gênio, no que quer que seja, desde que sejam elementos externos a nós. E isso é um mau sinal, porque todos nós temos defeitos e faltas – talvez até mais do que pensamos –, e precisamos ter a coragem necessária para enfrentá-los e, assim, melhorarmos.

> Seja sincero consigo mesmo e crítico com as desculpas que dá.

Não invente versões da realidade só para lhe agradar, pare de pôr a culpa sempre nos outros ou em outras coisas. Não é que devamos encher-nos de complexos de culpa ou andar por aí martirizando-nos. Trata-se, por exemplo, de perguntar-se ao deparar com os erros dos filhos:

- Por que o meu filho foi fazer isso?
- Onde errei na sua criação para isso acontecer?
- Como posso remediar a situação desde já?

– *Agora você vai começar a culpar os pais por tudo...*

Por favor, não leve a mal. Digo a você as mesmas coisas que digo a mim mesmo. É importante que exijamos sinceridade absoluta de nós mesmos na hora de analisar os problemas da família e buscar honradamente a solução de cada um deles.

Não faz muito tempo, um pai de família me falava o seguinte sobre o filho: "Ele é igualzinho a mim. Queria que ele fosse diferente, mas tem um gênio idêntico ao meu..."

Certamente, o caráter dos filhos é, em grande parte, uma réplica do caráter dos pais. Por isso, recomendo que você seja honesto o bastante para pensar se, às vezes, não é você mesmo o maior empecilho à educação. Examine-se com sinceridade, sem procurar desculpas fáceis. Mude aquilo que não vai bem na sua vida. Tente aprender um pouco mais a cada dia sobre a sua função de educador. Não esqueça que *quem tem o privilégio de ensinar não pode esquecer-se do dever de aprender.*

Não esqueça o passado

É interessante observar como um estudante que se torna professor frequentemente exerce a sua autoridade de um jeito bem diferente do que pensava ser correto quando estava sentado na sua carteira.

– Você acha que ele via as coisas com mais objetividade quando era aluno?

É difícil saber ao certo. Mas não lhe faria mal refletir sobre o que pensava quando o seu professor tinha determinadas atitudes que agora também tem.

Pode ocorrer algo parecido com um jovem que, ao tornar-se pai de família, tem a oportunidade de colocar em prática todas as reformas na educação que – com certo ar crítico com relação aos pais – imaginara nos anos de adolescência.

Pense no seu caso. Talvez hoje você veja as coisas de um jeito diferente de como as via vinte ou trinta anos atrás. E talvez elas estejam diferentes mesmo.

> De qualquer maneira, sempre é útil relembrar quais eram as suas rebeldias da adolescência.

– Quando eu era adolescente, reagia sempre de maneira hostil a atitudes autoritárias, independentemente de quem tivesse razão.

Isso é normal não apenas na adolescência. Algumas atitudes geram aversão em qualquer um, por mais paciente que seja. E se a isso juntamos a tendência que os adolescentes têm de desmistificar o adulto e questionar a sua autoridade intelectual, o conflito estará montado: o jovem poderá dar um verdadeiro *show* de contestação estridente ou então fechar-se num mutismo intenso, passando horas ou dias sem abrir a boca.

– *Além disso, eles tendem a radicalizar tudo nessa idade...*

Por isso é melhor conversar com serenidade e paciência. Podemos desarmar uma postura radical com uma sucessão de perguntas amigáveis que façam o filho pensar e justificar as suas opiniões. O excesso de drama é sempre contraproducente.

Não se precipite. Alguns pais fracassam por falta de prudência, por serem eles próprios radicais primeiro. Talvez as coisas sejam assim porque as ideias que o jovem deixa entrever façam-nos perder o equilíbrio. E, em vez de procurarmos compreendê-las, fechamos a cara e os soterramos com uma multidão de argumentos, sem sequer esperar que concluam o seu raciocínio.

Ajuda muito determinar em que pontos específicos os adolescentes contestam mais os pais e atuar sobre eles com maior prudência. Em todo caso, o simples fato de criticarem não dá razão a eles – nem a você. É normal que os jovens tenham aversão a:

- lições de moral baseadas na "experiência de vida" dos mais velhos;
- serem inferiorizados quando recebem ajuda;
- atitudes protecionistas, desconfiadas ou fiscalizadoras;
- falta de sensibilidade para com os seus gostos;
- ideias que consideram defasadas e que lhes são apresentadas como as únicas válidas. Eles, como você, gostam de ter ideias próprias que nem sempre são er-

radas. Não se distancie do seu filho ou filha por causa desse simples preconceito;
- falta de coerência entre a vida e as exigências dos pais;
- autoritarismo: às vezes, o conteúdo de uma ordem importa menos do que o jeito como é dada.

Tudo isso tem a sua raiz no desejo – muitas vezes bastante justificado – de não ser tratado como criança. Como escreve Gerardo Castillo, os jovens se considerarão tratados como adultos quando os mais velhos não se limitarem a dar-lhes ordens e proibições; eles querem ser ouvidos, ver as suas ideias tidas em conta e podem tomar iniciativa. Em outras palavras, querem ser levados a sério.

Outro diálogo surpreendente

O filósofo Tomás Alvira reproduz num dos seus livros o seguinte diálogo:
– O que você gostaria de ser, Luís?
– Adulto.
– Por quê?
– Para poder mandar e sempre ter razão.
– Você acha que os adultos nunca erram?
– Erram muitas vezes, mas sempre têm razão.

E assim concluiu-se a conversa, que nos revela tanto a respeito da percepção daquele menino – talvez até bem fundamentada – sobre os adultos com quem convivia.

– Isso me soa familiar. Às vezes, acho que nem eu entendo os meus filhos, nem eles me entendem. Consideram tudo o que dizemos um pouco careta...

É natural que adolescentes e adultos vejam as coisas de um jeito diferente. Anormal seria que um adolescente e um adulto pensarem igual.

Nós também passamos por isso quando começamos a formar nossas opiniões com algum grau de autonomia. Depois, com o passar dos anos, compreendemos que os nossos pais tinham razão em muitas coisas – e em outras, não –, e que o que nos diziam era fruto da sua experiência e do carinho que tinham por nós.

Ao relembrar os anos de sua juventude, um pai ou uma mãe sensatos podem imaginar com bastante precisão o que se passa nas mentes dos filhos. Se não se lembram bem – e mesmo no quando se lembram –, pode ser útil e até divertido perguntar aos próprios pais.

Não faça drama com assuntos triviais. Tente lembrar-se e faça um esforço para adaptar-se às mudanças da sociedade, que nem sempre são ruins.

Não diga que a música moderna é intragável, que os jovens se vestem mal, que as modas da juventude são uma lástima: assim, você só se marginaliza à toa. Embora seja verdade que o modo de vestir reflete muito da personalidade de cada um, não podemos desprezar um jovem por causa das suas roupas ou aparência. Preocupe-se, principalmente, com o que têm na cabeça. Os modismos resolvem-se sozinhos.

É provável que os seus filhos achem você antiquado ou "quadrado" simplesmente por causa da sua forma de expressar-se. Atualize a sua forma de falar na medida do possível e procure fazer-se entender. Não se distancie deles por ninharias como essa.

– *Tudo bem. Só que eles parecem pensar que são muito originais e têm muita personalidade só por ouvirem música a todo volume e usarem roupas estapafúrdias.*

Não diga isso. "Os pais têm também que procurar – como recomendava Josemaria Escrivá – manter o coração jovem, para lhes ser mais fácil acolher com simpatia as aspirações nobres e inclusive as extravagâncias dos filhos. A vida muda e há muitas coisas novas que talvez não nos agradem – é mesmo possível que não sejam objetivamente melhores que outras de antes –, mas que não são ruins: são simplesmente outros modos de viver, sem maior transcendência. Em não poucas ocasiões os conflitos aparecem porque se dá importância a ninharias que se superam com um pouco de perspectiva e senso do humor".

Um trabalho artesanal

Educar não é exigir que os nossos filhos se tornem Einsteins, ou gênios das finanças, ou modelos de capa de revista.

Nem é o destino dos filhos tornarem-se o que nós não fomos capazes de ser, nem ter essa esplêndida carreira que tanto admiramos. Não. Eles são eles mesmos.

Ter um projeto educacional não significa tentar enfiar os filhos num molde. O verdadeiro trabalho do educador é muito mais criativo. É como descobrir uma fina escultura que se esconde num bloco de mármore, descartando as sobras, limando as partes ásperas e melhorando os detalhes.

Trata-se de ajudar o adolescente a livrar-se dos seus defeitos para revelar a riqueza do seu jeito de ser e entender as coisas.

É preciso apresentar para os filhos ideais de equilíbrio, de nobreza, de responsabilidade. Não devemos cobrar que se destaquem em tudo; isso apenas lhes causaria decepção e angústia. O importante é propor certos pontos de melhora que os ajudem a ser eles mesmos, porém um pouco melhor a cada dia.

> A tarefa de educar na liberdade é tão delicada e difícil quanto importante. Há pais que, com base num conceito errado de liberdade, não educam. E há pais que, por um desmedido ímpeto pedagógico, não respeitam a liberdade dos filhos.

É difícil determinar qual extremo é mais negativo.

Educação principesca

Qualquer pai sensato quer sempre a melhor educação para os seus filhos. O problema é que alguns deles transformam esse desejo legítimo numa espécie de obsessão perniciosa, principalmente porque confundem a verdadeira educação com uma *instrução principesca*, pela qual estão dispostos a sacrificar tudo.

Gostariam que os filhos fossem os melhores nos esportes, nos estudos, nos idiomas, na música, no modo de vestir-se, etc. "Vamos oferecer-lhes uma boa preparação – costumam dizer – para se deem bem na vida cedo e possam aproveitá-la fazendo o que têm vontade. Não queremos que nos joguem na cara depois que não lhes demos todas as oportunidades de vencer".

O problema é que esse interesse pelas notas, pelo inglês, pelo piano e pelo caratê muitas vezes não vem acompanhado de uma preocupação séria em ensinar aos filhos os valores mais básicos. Transforma-se, assim, num desejo egoísta, em que há muito de vaidade, de vontade de manter as aparências, de um desejo de ostentar filhos-modelos.

– *Além disso, é muito comum que se decepcionem...*

Os pais que ignoram os valores e agem como se a educação fosse uma simples questão de mestrados e medalhas, tropeçam cedo ou tarde com a realidade de que os filhos carecem das condições necessárias para levar a cabo o ambicioso projeto de vida que imaginaram.

Pai: você sempre se preocupou com o corpo e com o conhecimento do seu filho, mas chegou a educar de verdade a sua inteligência, a sua vontade e os seus sentimentos?

Talvez você tenha dedicado a maior parte das suas forças a dar-lhes o que era menos importante.

> Talvez você tenha pensado demais na carreira que eles "teriam", em vez de pensar no tipo de pessoa que "seriam".

Talvez você não tenha transmitido ao seu filho ideais nobres por que lutar, e agora surgem os problemas.

– *Mas não há motivo para contrapor a educação nos valores a uma boa preparação profissional.*

É claro que não, mas também não podemos sacrificar tudo em nome dessa preparação.

E é isso que acontece, por exemplo, quando não se dá a devida importância aos valores e crenças do colégio que os filhos frequentam, ou ao ambiente moral do lugar onde vão fazer um acampamento ou um curso no exterior.

– *Às vezes, isso é questão de dinheiro. Um colégio que eduque nos valores pode custar mais caro...*

Sim, mas talvez você possa privá-los de outras coisas menos necessárias. Porque formar um jovem é um trabalho artesanal, árduo e difícil, muitas vezes posto a perder justamente pelo dinheiro mal empregado.

Toth dizia que "muitos são os talentos que perecem na

miséria; mas ainda maior é o número dos que se perdem na comodidade preguiçosa da abundância". Há pais que fazem contas, trabalham à exaustão e evitam ter mais filhos para poder dar o melhor aos que têm, e acabam estragando-os.

Reveja os seus critérios. O que você quer da educação dos seus filhos? Às vezes, fracassamos por não termos isso claro. Um amigo meu dizia ter certeza de que um casamento não se baseava numa escala de valores sãos sempre que ouvia os pais desfazerem-se em elogios sobre o grande talento do filho sem mencionar a qualidade do seu caráter.

Não é bom que os talentos sejam exaltados acima das virtudes: "É extremamente esperto, tem uma memória fenomenal e um ouvido prodigioso...". Isso é bom, mas é ainda melhor ouvir algo como: "É uma menina muito trabalhadora, nobre, leal com os amigos. Sempre diz a verdade, ajuda sempre que pode...". Porque esse tipo de elogio revela que o jovem recebeu uma série de valores que lhe serão mais úteis na vida do que todas essas outras qualidades que tanto deslumbram algumas pessoas.

CAPÍTULO IX
Educar no ambiente familiar

Não se deve julgar um homem pelas suas qualidades, mas pelo uso que faz delas.

La Rochefoucauld

Afetividade e caráter

A educação da afetividade é um aspecto decisivo na educação do caráter. E para educar a afetividade corretamente, é importantíssimo *que os pais amem muito um ao outro e que amem muito os filhos.*

– Isso não é meio óbvio?

Menos do que parece. Vários jovens com algum desequilíbrio emocional vivem num ambiente familiar frio, desconfiado ou excessivamente rígido.

Se os filhos carecem de modelos positivos de afetividade na infância e adolescência, custarão muito para aprender o que é o autêntico carinho.

— *Mas eles também não ajudam. Há fases em que não se deixam amar. Parecem bichos do mato...*

Sem exageros. Além disso, eles mesmos percebem que estão agindo de maneira estranha; só têm dificuldade para se controlar. Compreenda-os. Interesse-se por aquilo que os interessa, mesmo que pareça bobeira para você. Quando você passar a conhecer um pouco os gostos deles, descobrirá um mundo vivo e atraente do qual também gostará, passará a entendê-los melhor e ficará surpreso com os avanços no relacionamento.

— *Mas de vez em quando os filhos são meio desrespeitosos. Não dá para ser compreensivo com tudo...*

Compreender não é o mesmo que consentir. A convivência familiar deve ser construída sobre as bases do respeito absoluto pelas pessoas: pelo marido, pela esposa, pelos filhos e por quem mais more conosco.

> Normalmente, ninguém precisa explicar aos jovens que é necessário tratar as pessoas bem. Isso é evidente.

Seria interessante analisarmos com que cuidado nos relacionamos com as pessoas. Acaso temos consideração por todos? Falamos a todos com respeito e carinho? Somos leais e justos com os familiares mesmo quando não estão presentes? Saber portar-se bem é mais importante do que parece.

— *Muitas pessoas são agradáveis e comunicativas na rua, mas umas chatas em casa. Parece que é mais fácil ser amável com os de fora, com quem nos relacionamos rapidamente...*

Qualquer pessoa inteligente sabe que as interações sociais mais importantes são as de casa. Por isso, convém estar sempre atento às falhas na convivência e na demonstração de carinho dentro da família: brigas sem motivo, discussões idiotas, frieza, egoísmo, orgulhos bestas. Essas coisas podem estragar tudo.

Gentileza

Há alguns anos, nos Estados Unidos, uma poderosa fundação decidiu financiar um amplo estudo sobre as causas de uma queda de produtividade que afetava todo um setor da economia do país.

Realizaram inúmeras pesquisas, entrevistaram centenas de diretores de pequenas e grandes empresas, analisaram todas as possibilidades e, no final, escreveram um extenso relatório, fruto de mais de um ano de trabalho.

A ideia que o relatório colocava era a seguinte: o esforço realizado pela maioria das empresas ao longo de décadas para otimizar os processos de trabalho, especializar ao máximo os envolvidos e estabelecer rigorosos sistemas de controle de produtividade havia, no fim das contas, afetado negativamente o ambiente de trabalho.

Para o sucesso e eficácia de uma empresa – era uma das conclusões do relatório – é fundamental promover um ambiente de trabalho agradável e motivador para todos. E, do ponto de vista prático, insistia que é preciso empenhar-se seriamente em tratar os funcionários com mais cortesia.

– *Isso não é uma descoberta espetacular. Não sei se deviam ter investido tanto dinheiro para chegar a essa conclusão. É puro bom senso.*

Concordo, mas é, no mínimo, uma grande alegria que o nosso bom senso coincida com o que pesquisadores tão prestigiosos dizem.

Talvez pudéssemos fazer um estudo parecido nas famílias e tirar conclusões similares.

> O primeiro passo para melhorar a vida familiar como um todo é cuidar dos gestos exteriores e práticos de gentileza e boa convivência.

– *Seria mais fácil dizer que é preciso melhorar o carinho que os membros da família têm e demonstram uns pelos outros. O resto é consequência.*

Você tem razão, mas há pessoas que têm dificuldade em expressar os sentimentos.

> Cada um é como é, mas todas as pessoas necessitam de carinho. Por isso devemos aprender a manifestar esse carinho com pequenos gestos.

É preciso ser mais gentil com as pessoas em coisas quantificáveis e avaliáveis. Não basta querer melhorar de um modo geral na teoria: precisamos ser capazes de levar os nossos bons sentimentos à prática. Algumas atitudes concretas de gentileza:

- esforçar-se por ser delicado no trato com os outros (Platão dizia que não é necessário ostentar a própria bondade, mas apenas deixá-la ver);
- acostumar-se a não dar ordens sem necessidade, a não falar em tom dogmático (use expressões como "não seria melhor...?" ou "talvez");

- aprender a não encasquetar com coisas sem importância;

- ser acessíveis e incentivar os filhos a falarem conosco, até a sós, se preciso. Muitos problemas não são resolvidos porque não tomamos conhecimentos deles na hora certa;

- criar um ambiente em que seja normal prestar pequenos serviços aos outros sem que ninguém se sinta humilhado por realizá-los (e o exemplo deve vir dos pais);

- aprender a repreender ou proibir sem antipatia (ponha-se no lugar de seu filho e pense em como você gostaria que lhe dissessem tal coisa);

- saber mais sobre os interesses dos filhos (músicas, futebol, etc.) para facilitar o relacionamento com eles;

- tomar cuidado com as piadinhas: os comentários humorísticos devem ser engraçados também para quem é alvo da troça. É melhor não dizer a primeira coisa que nos vem à mente e não insistir demais nas piadas; a ironia machuca, e as suas feridas são profundas.

Tato para a convivência

Era uma mulher que, com sua mera presença, aliviava o peso da vida. Às vezes, bastava ouvir a sua voz. Muitas vezes pergunto-me de onde ela tirava esse tato para a convivência, as suas opiniões originais sobre tantas coisas, o gosto refinado e a sensibilidade. Os seus antepassados eram gente simples, imigrantes do interior com pouca imaginação. De quem teria aprendido aquilo tudo, então...?

Essas palavras de Delibes fazem-nos pensar, por contraste, naquelas pessoas que talvez tenham recebido uma educação primorosa, mas cuja presença têm o efeito exatamente inverso.

Provavelmente, isso acontece por serem alheias a tudo quanto não lhes pertença de alguma forma. Ou por serem pessoas tão fechadas em si que se tornaram estranhas. Ou talvez por, em termos práticos, não saberem conviver.

Devemos buscar gestos concretos pelos quais possamos melhorar em alguma das diversas facetas das virtudes da convivência. Por exemplo:

- procurar descobrir os gostos dos outros e satisfazê-los sempre que possível, em vez de impor a todos os planos que mais nos agradam;
- ser complacentes e buscar fatores que amenizem a convivência (sem nos tornarmos bonachões: o indivíduo obsequioso e pouco natural, que ri das próprias piadas ou do que não tem graça, também é muito desagradável);
- não falar demais (os matraqueadores produzem enjoos em qualquer um);
- não bancar o ocupadíssimo, nem o sabe-tudo, nem o certinho que quer sempre pôr todos os pingos nos is;
- aprender os nomes daqueles que trabalham conosco ou no mesmo lugar. Melhor ainda se anotarmos as datas do seu aniversário e nos lembrarmos de cumprimentá-los;
- dizer coisas agradáveis às pessoas sempre que possível (por exemplo, falando mais dos temas do seu interesse e menos de nós mesmos);
- não esquecer a importância dos bons modos para tornar o convívio agradável: ser respeitoso, saudar as pes-

soas com cordialidade, ser pontual, não elevar demais a voz nem falar palavrões, andar bem arrumado, não caminhar fazendo barulho nem manuseando as coisas de qualquer jeito (abrir a porta com o pé ou o cotovelo, jogar-se com tudo num assento...);

- gastar generosamente tempo com os outros, mesmo que não recebamos nada em troca;
- agradecer as coisas que nos fazem, mesmo que pareçam insignificantes, e responder a quem nos telefona ou escreve;
- animar os desanimados e tratar com paciência quem é difícil.

Estímulo e simpatia. A pequena Momo

Momo é a pequena protagonista do livro homônimo de Michael Ende. Uma menina que surge, um belo dia, na vida das pessoas simples de coração.

Ninguém sabe ao certo quem é, nem de onde vem. Vive nas ruínas de um antigo teatro romano ou grego, e as pessoas gostam muito da pequenina, que se torna imprescindível para eles. Como tinham conseguido viver sem ela antes? Ao seu lado, todo mundo se sente à vontade.

No começo, não é fácil perceber qual é o seu grande atrativo. Ela não é particularmente inteligente nem sábia. Não sabe cantar, dançar nem fazer nenhuma outra maravilha. O que a fazia tão especial, então?

É que a pequena Momo possui uma qualidade rara: sabe escutar as pessoas com atenção e simpatia. Na sua presença, até os menos brilhantes têm ideias inteligentes; os indecisos sabem imediatamente o que querem; os tímidos sentem-se livres e corajosos de repente; o azarado e infeliz volta confiante e alegre; o mais desafortunado dos homens descobre que é importante para alguém neste mundo. Tudo porque Momo sabe escutar.

Todos nós conhecemos exemplos de jovens que, apesar da aparência modesta e das qualidades comuns, são perseverantes na amizade, leais, contagiantes na sua alegria e serenidade. A sua vida parece um facho de luz e energia para quem os cerca.

– E por que algumas pessoas são assim ao passo que outras são tão "apagadas"? Será que isso vem de nascença?

Não apenas. Isso depende principalmente da educação que a pessoa recebeu e do esforço pessoal que cada um faz neste sentido.

> Todo homem possui boas e más tendências e é responsável pela medida em que permite que o bem ou o mal dirijam as suas ações.

Todos sabemos que a alma só brilha depois de muitos anos de esforço pessoal para poli-la.

– Gostei muito da estória de Momo, mas muitos jovens consideram hipocrisia fingir interesse por coisas de que não gostam.

Não se trata de hipocrisia. É parte do hábito de preocupar-se com os outros e ser-lhes agradável, desejo que todo homem sensato deveria ter. Além disso, quanto mais nos esforçarmos por conviver melhor, mais natural será o nosso interesse.

Por outro lado, saber escutar não é apenas questão de paciência. Requer, principalmente, uma vontade de aprender, de enriquecer-se com as contribuições dos outros. Quem escuta já pensando na réplica que dará ao interlocutor não escuta de verdade. No entanto, quem escuta com atenção, com verdadeiro desejo de compreender, torna-se um amigo cada vez mais valioso que faz as pessoas sentirem-se queridas.

É lamentável que tantos homens e mulheres façam enormes sacrifícios para poder ter um carro melhor, para emagrecer ou conquistar qualquer outro objetivo de que possam gabar-se, mas nunca se esforçam para escutar mais e serem mais simpáticos. A gentileza, além de ser grátis, é muito mais eficaz na hora de fazer amigos.

Solidão acompanhada. A família de Alberto

O meu pai sai de casa muito cedo e volta tarde, exausto – dizia Alberto, um rapaz de quinze anos muito inteligente e um pouco agitado.

Às vezes, passo dias sem vê-lo. Quando chega, vai ao meu quarto com muito cuidado para não me acordar. Não sei por que trabalha tanto, pois não nos falta nada. Só o vejo em alguns finais de semana, e ainda assim ele sempre tem mil coisas para fazer: vai jogar bola e sei lá o quê. Ele nunca me diz o que vai fazer. Se fica em casa, passa o dia inteiro lendo no sofá.

Minha mãe não se importa, desde que estejamos entretidos diante da televisão sem dar trabalho. Antes, a gente conversava mais...

Sei que ela vai dizer que sou eu quem está impossível, que tenho um jeito muito difícil... O problema é que não aguento mais levar bronca por bobagens e ouvir que tudo o que faço é ruim.

Talvez você me ache duro demais com meus pais, que não gosto deles. Não é isso. Eles seriam os pais ideais se tivessem um pouco mais de bom humor e de tempo para nós. Não é pedir demais.

Ultimamente, não sei bem por quê – concluía –, parecemos um bando de desconhecidos. Nunca conversamos sobre nada. E os silêncios às vezes são insuportáveis.

A reclamação desse adolescente pode ajudar-nos a examinar como anda a nossa própria família. Com frequência, a família torna-se um grupo de pessoas solitárias que, como no caso de Alberto, vivem juntas, mas com uma companhia tão distante que só piora a sensação de isolamento.

É muito cômodo para os pais que os filhos passem horas e horas diante da televisão ou que fiquem fechados no quarto ouvindo música: eles se entretêm e, ao mesmo tempo, nos deixam em paz para fazer o que quisermos.

> Se você não quer que a sua família acabe vivendo como um bando de desconhecidos, terá de encontrar tempo para reunir todos e conversar.

– *Mas não é fácil começar uma conversa de mais de cinco minutos com um adolescente...*

Não é mesmo, mas não desanime. É quase certo que o seu filho ou filha espera que você tome a iniciativa. Não fique esperando que eles o façam. Mesmo que às vezes pareçam distanciar-se, desejam ser mais próximos dos pais. Não diga que não tem ânimo para fazer mais, ou que não está com vontade de fazer algo. Tenha paciência.

Procure propiciar essas conversas. Por exemplo, não deixe a sua casa encher-se de barulho. Algumas pessoas ligam a TV logo que chegam em casa, mesmo que não estejam interessadas em nada do que está passando. Trata-se de um erro grave, porque é preciso um pouco de calma para que os filhos possam estudar, para que nos procurem para conversar, para conversarem entre si ou pensarem com clareza.

Amizade, autoridade e obediência

A amizade entre pais e filhos pode coexistir perfeitamente com a autoridade que o processo educativo requer.

Temos de criar um clima de grande confiança e liberdade, mesmo com o risco de sermos enganados. E muitas vezes quando isso ocorre, os próprios filhos envergonham-se de haver abusado da nossa confiança e tentam emendar-se.

Por outro lado, quando falta um mínimo de liberdade, a família pode transformar-se numa verdadeira escola de fingimento.

– Mas os adolescentes têm muita dificuldade em obedecer, acham a obediência humilhante...

Eles precisam entender que, quer gostemos ou não, todos precisamos obedecer a algo ou alguém. Em qualquer coletividade, as relações humanas implicam vínculos e dependências inevitavelmente. Não podem viver iludidos em sonhos de rebeldia infantil.

Em todo caso, pense se eles não têm dificuldade em obedecer porque você não sabe mandar sem autoritarismo. Não esqueça que há muitas atitudes que tornam mais fácil e grata a tarefa da obediência:

- exija de si mesmo o mesmo que você exige deles com suas ordens e correções. É muito difícil que eles se convençam de que devem ser humildes, pacientes e ordeiros, se você não dá esse tipo de exemplo;

- mande com a intenção de servir, sem dar a impressão de que o faz por comodismo. Faça com que eles vejam que você se importa e se esforça também. Muitas vezes, só assim entenderão que devem agir da mesma forma;
- não ostente a sua autoridade. Não dê motivo para o temerem ou esconderem as coisas de você;
- procure perceber que atitudes magoam cada um dos seus filhos e evite-as delicadamente sempre que preciso. Seja compreensivo e humano. Aprenda a desculpar-se e a perdoar. Não se escandalize por pouco, pois isso quase sempre indica falta de conhecimento próprio.
- seja franco e objetivo, mas sem exaltação nem exageros. Aprenda a diferenciar o normal do preocupante e do grave;
- fale com clareza. Não recorra a demasiados eufemismos nem seja muito ácido;
- seja positivo ao julgar e ponha em primeiro lugar as boas qualidades antes de considerar os defeitos;
- não queira fiscalizar tudo, nem uniformizar todos os processos. Abrace a diversidade dentro da família. Inculque o amor à liberdade e ame o pluralismo como um bem;
- respeite a privacidade dos filhos, as suas coisas, o seu armário, a sua escrivaninha, a sua correspondência. Ensine-os a respeitar os outros e a sua privacidade;
- não permita que situações muito exigentes e desgastantes se prolonguem. Para isso, fique atento à saúde e ao descanso de cada um, para que ninguém venha a esgotar-se física ou psicologicamente. Você deve tomar

muito mais cuidado com os mais necessitados (nem todos os filhos são iguais), para evitar que as crises de crescimento e maturidade piorem.

A autoindulgência e a mediocridade

"Não gosto de exigir tanto dos meus filhos...", dizia-me uma mãe durante uma conversa sobre a trajetória incerta de um dos seus filhos. "Fico conformada se passam de ano, ainda que a trancos e barrancos. Não exijo complicações desnecessárias ou maravilhas. Nem eu nem eles somos perfeitos. Somos humanos. Não quero infernizar a vida deles..."

Tudo bem, concordo. Mas pergunto: por que considerar a busca por ideais mais elevados com "infernizar a vida" de alguém? Por que, diante das falhas próprias ou alheias, logo a justificamos com a desculpa de que é algo "humano"?

Somos humanos: é como se fôssemos os seres mais baixos, vulgares, viciosos e mesquinhos da terra. No entanto, verdadeiros atributos humanos são: a razão, a força de vontade, a verdade, a determinação, o trabalho e o bem.

Para sermos homens de verdade, não podemos justificar tudo com um "somos humanos". É uma desculpa que tem aparência de humildade, mas que esconde uma cômoda aposta na mediocridade.

> Os jovens perdem-se mais pela tendência à mediocridade do que pela tendência ao mal.

São muitos os que encheram-se de grandes sonhos na juventude, mas que se deixaram levar pela mesma onda de mediocridade que já afogou tantos ao constatar que a escalada da vida é muito íngreme e que tudo de valor é difícil de alcançar.

A mediocridade é uma doença indolor, sem sintomas visíveis. Os medíocres parecem, senão felizes, ao menos tranquilos. Costumam orgulhar-se da simplória filosofia com que veem a vida e não percebem que levam uma existência sem propósito.

Precisamos sempre fazer um esforço para sair da vulgaridade e não voltar mais. Temos de preencher a vida de algo que lhe dê sentido, apostar numa existência útil aos outros e a nós mesmos, e não numa vidinha rasteira e chã.

Porque, como diz o adágio, *quem vive a matar o tempo acaba morto por ele.*

A vida é cheia de escolhas. Viver é apostar e manter as apostas. Apostar e retroceder ao primeiro contratempo é morrer por antecipação.

* * *

Para recordar...

Não há nada mais eficaz para a educação do que o testemunho da vida dos pais: o caráter dos filhos é em grande medida uma réplica do nosso.

Mas não basta o exemplo dos pais: convém prestar muita atenção aos outros ambientes que os filhos frequentam e também influem decisivamente no seu caráter.

Para pensar...

Examine na sua vida o seu jeito de tratar os filhos para descobrir o que favorece e o que prejudica a formação deles. Isso faz parte da sua função de educador, e quem tem o privilégio de ensinar não pode esquecer-se do dever de aprender.

Pense nos detalhes, nos pequenos incidentes que vão se

acumulando. Podem parecer pouca coisa, mas acabam por influenciar o caráter dos filhos. As grandes criações destacam-se por uma série de detalhes.

Para ver...

Operação Cupido (*The Parent Trap*). Direção: Nancy Meyers. EUA, 1998. 127 min.
Chá com Mussolini (*Tea with Mussolini*). Direção: Franco Zeffirelli. Reino Unido / Itália, 1999. 117 min.
O óleo de Lorenzo (*Lorenzo's Oil*). Direção: George Miller. EUA, 1999. 129 min.

Para ler...

Santiago Herraiz, *Situaciones cotidianas de tus hijos jóvenes*, Coleção Hacer Familia nº 54. Ediciones Palabra, Madri.
Antonio Vázquez, *Educar en el uso del dinero*, Coleção Hacer Familia nº 57. Ediciones Palabra, Madri.
Alfonso Aguiló, *Carácter y valía personal*, Coleção Hacer Familia nº 66. Ediciones Palabra, Madri.
Oliveros F. Otero, *Educar con biografías*. EUNSA, Pamplona, 1997.

Para conversar...

Proponha uma conversa entre pais sobre como exercer a autoridade de modo a alcançar uma síntese entre exigência e cordialidade, autoridade e complacência, respeito e proximidade.

Fale sobre a melhor maneira de educar com algum profissional da área ou com um casal amigo. Para melhorarmos o nosso próprio caráter e o de outros, é fundamental que aprendamos a escutar essa voz amiga que tem a lealdade de nos dar um bom conselho.

Para agir...

Situação

Sílvia tem 16 anos e é a filha mais velha. Tem uma personalidade muito viva, o que preocupa os pais. "Essa menina não aceita a autoridade. É orgulhosa demais. Sempre quer ter razão", queixam-se.

Ambos acreditam que seja coisa da idade e que vai passar. Contudo, receiam que, entretanto, a moça dê um mau exemplo aos irmãos mais novos com os frequentes conflitos que inicia em casa por causa do seu gênio difícil.

Objetivo

Superar um conflito de autoridade e obediência.

Meios

Pedir conselho a pessoas experientes e depois decidir como abordar o problema.

Motivação

Todos sofrem bastante com as brigas e desejam uma melhor comunicação em casa.

História

A mãe de Sílvia ligou para Mônica, professora da filha, e marcou uma visita ao colégio junto com o marido.

Os pais puseram-se a falar assim que chegaram. Expuseram as impressões sobre o caso, enquanto Mônica ouvia em silêncio.

– Sílvia – dizia o pai – está numa fase terrível. Se continuar assim, vai acabar conosco.

– Sim – continuava a mãe. – Dois ou três anos atrás era uma menina encantadora, mas agora ninguém sabe o que deu nela.

A professora deixou os dois falarem por uns vinte minutos. Depois de repetirem várias vezes as mesmas ideias, perceberam que não sabiam mais o que dizer.

– Bem, Mônica – concluía a mãe –, veja se você pode nos ajudar. Não sabemos mais o que fazer. Não entendemos Sílvia, e ela não nos escuta.

Mônica tinha bastante familiaridade com eles e pôde dizer-lhes – em tom de brincadeira e sem ofendê-los – que para resolver o problema precisariam em primeiro lugar dar-se conta de que a filha era muito parecida com eles. Sílvia, por exemplo, era muito segura de si – talvez até demais –, assim como os pais. Sílvia custava a escutar alguém e mudar de opinião, assim como os pais.

– Você tem razão, Mônica – reconheceu a mãe. Desculpe-nos por a interrompermos mais uma vez. Não deixamos você falar todo este tempo, e agora de novo. Temos muita dificuldade em escutar.

– Vocês dizem – a professora, enfim, conseguiu explicar – que não há quem consiga entender Sílvia, que ela nem os escuta. Nessa própria frase há a solução para o problema. Para que vocês a entendam, não importa tanto que ela os escute, mas sim que vocês a escutem. Não quero dizer, com isso, que Sílvia esteja certa, mas talvez tenha um pouco, ou um muito, de razão. Eu, pelo menos, sempre que vou conversar com uma pessoa com uma concepção prévia em mente, quase sempre descubro, depois de escutá-la, que estava enganada.

Resultado

Os pais de Sílvia eram pessoas de bom coração, desejosos de fazer tudo bem, esforçados e com uma vontade real de melhorar. Quando decidiam escutar, eram humildes e receptivos. O problema é que não estavam acostumados a escutar. Ao menos reconheciam isso com franqueza.

A conversa com Mônica deu muitos frutos. Viram – o que foi uma ótima lição prática – como a professora os escutara até terminarem de desabafar. Se tivesse dito logo de cara o que pensava, é provável que eles se ofendessem e não alcançassem resultado nenhum. Por isso, aconselhou-lhes que desenvolvessem o hábito de não se pronunciarem antes de escutarem tudo, de não julgarem antes de reunirem dados suficientes e de mostrarem-se dispostos a mudar de opinião diante de bons argumentos (ou até melhor, mostrarem um desejo real por conhecer os motivos e argumentos dos outros, para assim enriquecer as próprias opiniões).

– E um último conselho – concluiu Mônica. – Não pensem que o problema é de Sílvia. Ela é a geradora de uma parte do problema, e o restante é responsabilidade de vocês. É preciso que vocês façam a sua parte, pequena ou grande, para motivá-la a melhorar. Mas a responsabilidade principal de vocês é a de melhorarem a si próprios. A parte dela virá naturalmente em seguida.

Não se pode dizer que as coisas mudaram da noite para o dia, porque esse tipo de mudança requer tempo. Porém, já nos primeiros dias, os pais perceberam uma melhora na sua comunicação com a filha. Contaram a ela da reunião com a professora e lhe manifestaram um desejo de melhorar conjuntamente nestes pontos. Sílvia animou-se muito, pois era a primeira vez que via uma atitude tão franca e positiva nos pais. Em poucos meses, muito mudou naquela família.

Guia de trabalho

PARTE I – Capítulos I, II e III

OBJETIVOS

- Falar mais com os filhos e conhecê-los melhor.
- Corrigi-los com mais eficácia.
- Ajudá-los a crescer nos valores.

TRABALHO INDIVIDUAL

1º) Releia a primeira parte do livro duas vezes: uma leitura rápida e outra mais detida, sublinhando o que houver de importante.

2º) Anote as dúvidas que surgirem ao longo da leitura.

3º) Repasse as quatro últimas epígrafes do Capítulo I e prepare uma conversa com um dos filhos sobre a felicidade. Talvez você possa sugerir-lhe a leitura de algum trecho para depois comentar.

4º) O Capítulo II aborda os temas da timidez, do egoísmo, da inveja e da preguiça. Escolha um deles e pense num possível plano de ação para a sua família.

5º) Com base na seção "Corrigir na família" (Capítulo III), prepare um plano de ação concreto para ensinar a corrigir.

6º) Releia o caso de Roberto e Marta (Capítulo II) e analise os problemas desse casal e as suas causas. Pense em como prevenir e tire alguma conclusão prática para o seu relacionamento com os filhos.

TRABALHO EM GRUPO

1º) Conversar e procurar esclarecer as dúvidas de interpretação na leitura do texto.

2º) Dar sugestões sobre como ensinar aos filhos o que é a felicidade e que caminho seguir para chegar a ela.

3º) Fazer uma lista dos traços típicos do temperamento adolescente. Conversar sobre como ajudar os jovens a melhorar a sua situação.

4º) Falar sobre planos de ação realizados individualmente, respeitando sempre a privacidade das pessoas.

5º) Selecionar os três melhores planos de ação discutidos na sessão.

6º) Trabalho opcional: analisar o caso de Marcos (Capítulo II) e comentar o problema e as suas causas.

PARTE II – Capítulos IV, V, VI e VII

OBJETIVOS

- Promover o gosto pela leitura.
- Valorizar mais a sobriedade.
- Infundir o otimismo e a esperança na família.

TRABALHO INDIVIDUAL

1º) Releia a segunda parte do livro duas vezes: uma leitura rápida e outra mais detida, sublinhando o que houver de importante.

2º) Anote as dúvidas que surgirem ao longo da leitura.

3º) Reler "O cadafalso da mentira" (Capítulo IV) e montar um plano de ação para reforçar a sinceridade em família.

4º) Com base na seção "Observar, ler, pensar" (Capítulo V), montar um plano de ação para promover a leitura em família. Pensar num modo de conseguir que ela seja formativa e nos faça refletir e formar o nosso caráter.

5º) Reler "Consumismo e temperamento humano" (Capítulo VI) e montar um plano de ação para valorizar mais a sobriedade e defendermo-nos mais do consumismo.

6º) Refletir sobre as ideias em "A lição da desesperança" (Capítulo VI) e pensar sobre como educar os filhos no otimismo e na esperança dentro da família.

TRABALHO EM GRUPO

1º) Conversar e procurar esclarecer as dúvidas de interpretação na leitura do texto.

2º) Sugerir alguns livros úteis que podem ser recomendados aos filhos adolescentes.

3º) Propor ideias positivas para reduzir o consumismo na família, tanto o dos pais como o dos filhos.

4º) Falar sobre planos de ação realizados individualmente, respeitando sempre a privacidade das pessoas.

5º) Selecionar os três melhores planos de ação discutidos na sessão.

6º) Recordar as normas de funcionamento que definem o trabalho de um grupo pequeno na teoria Z.

7º) Trabalho opcional: rever o caso de Jaime (Capítulo IV) e analisar os problemas envolvidos e as suas causas. Oferecer três soluções positivas.

PARTE III – Capítulos VIII e IX

OBJETIVOS

- Dar exemplo.
- Melhorar o exercício da autoridade.
- Harmonizar a amizade com os filhos e a obediência.

TRABALHO INDIVIDUAL

1º) Releia a parte final do livro duas vezes: uma leitura rápida e outra mais detida, sublinhando o que houver de importante.

2º) Anote as dúvidas que surgirem ao longo da leitura.

3º) Reler "A adolescência dos filhos... ou dos pais?" (Capítulo VIII) e refletir sobre a atitude de cada membro da família diante da adolescência. Propor um plano de ação concreto para melhorar essas atitudes.

4º) Reler "Não esqueça o passado" (Capítulo VIII) e pensar: como ser prudente no exercício da autoridade a fim de evitar rejeições dos filhos? Criar um plano de ação concreto.

5º) Com base nas ideias em "Amizade, autoridade e obediência" (Capítulo IX), preparar uma conversa tranquila com um dos filhos e propor um plano de ação.

6º) Revisar as recomendações "Para recordar..." e "Para pensar..." da Parte III e propor mais uma de sua autoria, acompanhada de um novo plano de ação.

TRABALHO EM GRUPO

1º) Conversar e procurar esclarecer as dúvidas de interpretação na leitura do texto.

2º) Expor três objetivos positivos entre os propostos no 3º ponto do trabalho individual. Selecionar os dois melhores do grupo.

3º) Relatar experiências positivas sobre o exercício da autoridade com adolescentes e mencionar algum episódio sobre a amizade e a obediência.

4º) Falar sobre planos de ação realizados individualmente, respeitando sempre a privacidade das pessoas.

5º) Selecionar os três melhores planos de ação discutidos na sessão.

6º) Relatar as duas melhores ideias que surgiram na execução do 6º ponto do trabalho individual.

7º) Trabalho opcional: pensar em objetivos de planos de ação sobre a educação pelo exemplo, aplicando a teoria Z e tentando englobar a família inteira. Escolher a proposta que melhor integre os filhos adolescentes.

Índice

Introdução 5

Primeira Parte
FELICIDADE E CARÁTER

Capítulo I
O que significa ter bom caráter? 11
    Pessoa de caráter 11
    Uma educação inteligente 13
    Aprender a ser feliz 15
    Humor positivo 18
    Motivos para sorrir 19
    Por que você não é mais feliz? 21

Capítulo II
Dificuldades da adolescência 25
    Vencer a timidez. O caso de Marcos 25
    Superar o egoísmo. Alguns exemplos 30
    O câncer da inveja e o seu tratamento 33
    A escravidão da preguiça 35
    Não se render ao que é mais fácil. Um caso típico. ... 38
    A falta de dons naturais. Alicia 43
    Um erro percebido a tempo. Roberto e Marta 44
    A magia da noite 47

Capítulo III
A rebeldia adolescente 49
    Uma conversa surpreendente 49
    Idealismo e vaidade. A fábula de Narciso 51
    A febre do "não é assim" 54
    A dor, a humilhação ou a desgraça 55
    Autossuficiência e conselho 56
    Corrigir na família. As quatro regras 58
    Aprender a errar. O perfeccionismo 61
    Um esclarecimento sobre a humildade 63
    Aguentar tudo? O erro de uma mãe 64

    Resumo da primeira parte 66

Segunda parte
CARÁTER E VALORES

Capítulo IV
Caráter e naturalidade 73
    "O que vão dizer": manter as aparências 73
    Os ventos dominantes 76
    O cadafalso da mentira 78
    Excesso de sinceridade? 81
    Conhece-te a ti mesmo 82
    Conhece aqueles com quem andas. O caso de Jaime 86

Capítulo V
Pessoas de critério 89
    Fortalecer a vontade 89
    Critério próprio. Algumas decepções 91
    Observar, ler, pensar 92
    A personalidade e o ambiente. Modelos 97
    Um velho conhecido: o palpiteiro 100
    Comprometimento? 102
    Desconfiados e ressentidos 103

Capítulo VI
Fortaleza e generosidade 107
   Serenidade e autodomínio 107
   O prêmio da generosidade e do egoísmo 109
   Ordem e preguiça ativa 110
   Consumismo e temperamento humano 113
   Constância e tenacidade. Querer de verdade 116
   A lição da desesperança 118
   O fastio e o tédio 122
   Grandeza de ânimo. Ideais e horizontes 123

Capítulo VII
Personalidade e soberba 127
   História de um velho cacique 127
   Desejos de supremacia 128
   O ridículo da presunção 130
   O orgulho 132
   A divisão da culpa 134
   A nossa verdade 136
   O gênio difícil 138
   Suscetibilidades. Pensar bem para acertar 140

   Resumo da segunda parte 141

Terceira parte
O CARÁTER E A FAMÍLIA

Capítulo VIII
Os pais e o caráter dos filhos 149
   A adolescência dos filhos... ou dos pais? 149
   De quem é a culpa? 151
   Não esqueça o passado 153
   Outro diálogo surpreendente 155
   Um trabalho artesanal 157
   Educação principesca 158

Capítulo IX
Educar no ambiente familiar 161
    Afetividade e caráter 161
    Gentileza 163
    Tato para a convivência 165
    Estímulo e simpatia. A pequena Momo 167
    Solidão acompanhada. A família de Alberto 169
    Amizade, autoridade e obediência 171
    A autoindulgência e a mediocridade 173

    Resumo da terceira parte 174

Guia de trabalho 179
    PARTE I – Capítulos I, II e III 179
        Objetivos 179
        Trabalho individual 179
        Trabalho em grupo 180
    PARTE II – Capítulos IV, V, VI e VII 180
        Objetivos 180
        Trabalho individual 180
        Trabalho em grupo 181
    PARTE III – Capítulos VIII e IX 182
        Objetivos 182
        Trabalho individual 182
        Trabalho em grupo 182

Direção geral
Renata Ferlin Sugai

Direção editorial
Hugo Langone

Produção editorial
Juliana Amato
Gabriela Haeitmann
Ronaldo Vasconcelos
Daniel Araújo

Capa
Gabriela Haeitmann

Diagramação
Sérgio Ramalho

ESTE LIVRO ACABOU DE SE IMPRIMIR
A 1 DE OUTUBRO DE 2023,
EM PAPEL IVORY SLIM 65 g/m^2.